珍藏本
纪念版

汉译世界学术名著丛书

政治中的人性

〔英〕格雷厄姆·沃拉斯 著

朱曾汶 译

商務印書館
SINCE 1897 The Commercial Press
2017年·北京

Graham Wallas

HUMAN NATURE IN POLITICS

HOUGHTON MIFFLIN COMPANY

BOSTON AND NEW YORK

1915

根据霍顿-米夫林出版公司 1915 年第 3 版译出

汉译世界学术名著丛书
（120年纪念版·珍藏本）
出 版 说 明

2017年2月11日，商务印书馆迎来120岁的生日。120年前，商务印书馆前贤怀揣文化救国的理想，抱持“昌明教育，开启民智”的使命，立足本土，放眼寰宇，以出版为津梁，沟通中西，为中国、为世界提供最富智慧的思想文化成果。无论世事白云苍狗，潮流左右激荡，甚至战火硝烟弥漫，始终践行学术报国之志，无改初心。

逐译世界各国学术名著，即其一端。早在20世纪初年便出版《原富》《天演论》等影响至今的代表性著作，1950年代后更致力于外国哲学和社会科学经典的译介，及至1980年代，辑为“汉译世界学术名著丛书”，汇涓为流，蔚为大观。丛书自1981年开始出版，历时三十余年，迄今已推出七百种，是我国现代出版史上规模最大、最为重要的学术翻译工程。

丛书所选之书，立场观点不囿于一派，学科领域不限于一门，皆为文明开启以来，各时代、各国家、各民族的思想与文化精粹，代表着人类已经到达过的精神境界。丛书系统译介世界学术经典，引领时代思想，为本土原创学术的发展提供丰富的文化滋养，为推动中国现代学术和现代化进程做出了突出的贡献。

为纪念商务印书馆成立 120 周年，我们整体推出“汉译世界学术名著丛书”120 年纪念版的珍藏本，寄望既利于文化积累，又便于研读查考，同时向长期支持丛书出版的译者、编者和读者致以敬意。

两甲子后的今天，商务印书馆又站在了一个新的历史时间节点上。我们不仅要铭记先辈的身影和足迹，更须让我们的步伐充满新的时代精神。这是商务人代代相传的事业，更是与国家和民族的命运始终紧密相连的事业。我们责无旁贷，必须做好我们这代人的传承与创造，让我们的努力和成果不仅凝聚成民族文化的记忆，还能成为后来人可以接续的事业。唯此，才能不负前贤，无愧来者。

商务印书馆编辑部

2017 年 10 月

出 版 说 明

格雷厄姆·沃拉斯(Graham Wallas,又译华莱斯),英国政治学家和教育家,倡导用实验方法研究人的行为。1858 年生于散德兰,卒于 1932 年。1877—1881 年就读于牛津大学,后在该校执教;1890 年起,先后任大学公开讲演讲师、伦敦大学经济学院讲师、皇家行政事务委员会委员、伦敦大学政治学教授、波士顿大学娄厄耳讲座讲师。沃拉斯 1886—1904 年参加费边社,并成为英国费边运动的领袖之一和重要理论家,后因政策分歧退出。

沃拉斯的主要著作有:《费边论丛》、《弗朗西斯·普莱斯的一生》、《政治中的人性》、《伟大的社会》、《我们社会的传统》及《思维的艺术》等。其中《政治中的人性》及其姊妹篇《伟大的社会》被认为是现代政治理论的经典著作。

《政治中的人性》可以说是一部政治心理学著作。作者利用在伦敦市政选举中所获得的经验以及作为伦敦教育委员会和伦敦郡议会的一个非常活跃的成员所得到的观察力,结合心理学研究成果,来解释民主问题。

沃拉斯提出,要研究政治中的人性,首先必须克服"唯理智论"。他指出,传统的政治理论大都强调"人是理性的",而在政治中,人往往在感情和本能的刺激下行事,大多数人的大多数见解并不是受经验检验的推理结果，而是习惯所确定的无意识或半无意识的推理结果，它们是非理性的。因此，作者认为，人性是由理性及非理性两种因素构成的，文明的希望在于取得人类理性的胜利。然而普通形式的民主对此却没有什么帮助。比如，公职候选人可以利用人们下意识的心理去捞取选票；充满情感内涵的文字和图像被政治演说家利用，而投票人在巧妙的口号或很有吸引力的标语的诱惑下，往往因感情冲动而被他人利用。在谈到政治道德、代议政体、官员以及国家与人类等问题时，沃拉斯结合大量事件论述了唯理智论所产生的影响，从而揭示出西方民主制度的局限性与种种弊端。与此同时，作者也很关心政治制度的改革，并提出了一些建设性的原则，遗憾的是，这些问题没有进一步展开论述。

在研究方法上，沃拉斯试图将心理学的研究成果应用于政治，主张政治学要研究人的行为，从而开创了政治学研究的新领域。

本书 1908 年首次出版，现据霍顿-米夫林出版公司 1915 年版译出。

1992 年 8 月

目　　录

序

我向几位好心阅读本书校样，并给我提出勘误和意见的朋友表示谢意；其中我特别要提到约翰·亚当斯教授、J. H. 米尔黑德教授、A. 沃尔夫博士以及 W. H. 温奇、悉尼·韦伯、L. 皮尔索尔·史密斯和 A. E. 齐默恩等先生。正是为了他们的缘故，我要补充说，书中有些见解仍予以保留，对于这些见解，他们中的一人或多人是会希望删去或换一种表达方式的。

我已尽力在脚注中标明其著作曾被我引用的各位作者。但是这里我要对威廉·詹姆斯的《心理学原理》特别表示感谢，多年前，此书曾使我冀望从心理学角度来思考我作为政治家和教师的工作。

经常有人要求我推荐一份关于政治心理学的书目。我认为，在该门科学的现阶段，政治家根据其切身经验阅读那些不专门涉足政治的心理学论文获得的好处，要胜于从阅读实用政治心理学文献着手。然而，非政治家的读者将会发现已故 G. 塔德先生的著作，尤其是《舆论和民众》和《模仿的规则》两书以及 1908 年 7 月号《社会学评论》所载 W. 特罗特先生《群居本能》一文中引用的书详尽论述了一些要点。芝加哥的简·亚当斯小姐在《民主和社会伦理》中以独特和引人注目的观点研究了大城市贫民的政治心理学。

格雷厄姆·沃拉斯

再 版 序

我对本书初版几乎未作任何更动，只改正了少数词句上的错误。过去十八个月内英国议会、土耳其、波斯、印度和德国发生的重大政治事件并没有改变我对现代政体产生的心理问题所作的结论。要用“崭新”的例子来代替我从 1907 和 1908 年的时事中汲取的例子，就必须做大量改写工作，这不仅不可能，而且也没有必要。除了初版所推荐的书以外，这里我还要加上 W. 杜格尔先生的《社会心理学》，特别是他对本能所作的分析。

格雷厄姆・沃拉斯

1909 年 12 月 30 日于伦敦经济和政治学院

内容提要

（导言，第1页）

政治学的研究目前正处于令人不满的境地。在全欧美，代议民主已被公认为最佳政体，但是那些对代议民主的实际作用体会最深的人却常常感到失望和忧虑。民主并未扩及非欧洲种族，而在过去几年里，许多民主运动已告失败。

这种不满已导致对各种政治体制做了大量研究工作，但是晚近的政治著作对人性的各个因素却甚少注意。从前，政治学主要是以人性概念为依据的，但是由于19世纪初期教条主义政治学家声名扫地，现代政治学研究者引以为戒，竭力避免做任何能使人回忆起他们过去所采用的方法的事情。因此，心理学的发展虽已改造了教育学和犯罪学，而政治学却依然故我。

然而，人性研究被忽视可能只是政治思想的一个短暂阶段，已经有迹象表明这个阶段行将结束。

（第一部分——第一章——政治中的冲动和本能——第15页）

要研究政治中的人性，首先必须克服政治学传统以及一般人的心理习惯所产生的那种“唯理智论”。

政治冲动不仅仅是对手段和目的进行考虑后所作出的理智推理，而且也是先于个人的思想和经验、尽管为思想和经验所修正的意向。只要留心一下诸如个人喜爱、恐惧、嘲笑、财产欲等冲动在政治中的作用，就可以明白了。

我们的一切冲动和本能如果是“单一”的，其直接效果就会大大增加，如果是“第一手”的，与我们早期的进化阶段相联系，其永久性的效应也会大大增强。在现代政治中，我们从报纸获得的感情刺激一般都是单一的，然而是“第二手”的，因此来得容易，去得也快。

一种感情或冲动的经常重复往往是令人苦恼的。政治家像登广告者一样，必须考虑到这个事实，而这又与人既需要隐私又难忍受孤独有关，我们必须据以调整我们的社会格局。

政治感情被许多人同时在身体紧密接触情况下体验常常会强化到病态狂热的程度，但是英国的政治状况不常产生这种现象。

国际政治的未来主要看我们是否对属于一个和我们不同的种族的人有一种特殊的憎恨本能。这个问题还没有获得解决，但是许多往往被说成是这种本能所产生的事情似乎是起因于其他被联想修正了的更普遍的本能。

（第二章——政治实体，第 39 页）

政治行为和冲动是人性与其环境接触的产物。在政治家所研究的时期内，人性几乎没有什么改变，但是政治环境却以与日俱增的速度发生变化。

我们的环境中那些引起冲动和行为的事情是通过我们的感官传达给我们,并由我们对其重要意义的本能的或后天的了解从众多的感觉和记忆中选择出来的。在政治中,被认识的事情多半是人自己做的,我们对其重要性的了解不是本能的,而是后天的。

认识往往附属于象征,这些象征取代了更为复杂的感觉和记忆。政治中有些最困难的问题产生于在推理中有意识地使用称为"词"的象征与这些词在激发感情和行为方面多少有点自发的和下意识的作用这两者之间的关系。一个其重要性曾被联想确定的政治象征可能有它自己的心理发展过程,与它原来所象征的事实的历史无关。这一点可见诸国家和政党的名称及标记,而更清楚地见诸"茶叶"或"肥皂"这类商品的历史,这些商品在它们将要象征的物体生产或选定之前已经被广告变得风行一时。一个政治家的见解改变得极其迅速,他的声望、他所属政党的名称或者他所控制的报纸的传统特色却改变得极其缓慢,两者之间的关系往往产生道德上的麻烦。

(第三章——政治中的非理性推理,第 65 页)

唯理智论的政治思想家们常常不仅假定政治行为必然是对手段和目的进行推理的结果,而且还假定一切推理都属于同一"理性"类型。

在川流不息的心智经历中,要严格区别理性推理和非理性推理是困难的,但是人据以形成其政治见解的许多半无意识过程是非理性的,这一点却是清楚的。我们在日常生活中一般可以信赖非理性推理，因为非理性推理在被大量偶然的巧合强化之前，不会产生有意识的见解。但是，魔术师和其他研究我们的非理性心智活动过程的人能够巧妙地利用它们，使我们产生荒唐的信念。经验主义的政治艺术主要在于通过故意利用下意识的非理性推理来制造舆论。推理过程可能超过发动该过程的政治家所期望的程度，它在一个被动消极的报纸读者心中和一群最激昂的人中都可能发生。

（第四章——政治推理的材料，第75页）

但是，人能够推理而且确实也在推理，虽然推理只是他们的心智活动过程之一。希腊人制定的有效推理规则主要是用于政治的，但是事实上推理在政治学中比在自然科学中难度更大，成就更小。主要原因在于推理材料的性质。我们必须选择或制造可供推理的实体，正如我们选择或制造实体以刺激我们的冲动和非理性推理一样。在自然科学中，这些选择出来的实体有两种类型，要么是完全相似的具体东西，要么是些抽象的特质，根据这些特质，本来不相似的东西可以作精确的比较。在政治中，第一种类型的实体是无法制造的，政治学家们不断地探索第二种类型的简单实体，某种可以当作政治估计的精确"标准"的因素或特质。这种探索至今未获成功，而生物学的类推表明，当政治家像医生一样避免使材料过分简单化，并立志在推理中使用尽可能多的关于人的类型及其个别差异和环境的因素时，就最有可能获得有效推理的力量。生物学家已经表明，关于任何一个类型中的大量个体差异，只要按照连续的曲线而不是作为同一的规则或任意的例外加以排列，就能被记住。另一方面，人性因素可能以连续方式排列，但如果将环境因素也以同样方式排列，就可能导致错误的结果。历史研究不能等同于生物学研究。

（第五章——政治推理的方法，第 91 页）

政治推理的方法，也具有题材过于简单化的传统。

在经济学中，方法和题材原本要简单得多，但自从杰文斯时代以来，“定量”方法已逐渐取代“定性”方法。政治学中类似的变化能达到什么程度呢？

有些政治问题显然是可以从量的角度来论证的。其他问题量的因素不太明显。但即使是最复杂的政治问题，富有经验和责任心的政治家实际上也从量的角度加以思考，尽管他们用来获得结果的方法往往是无意识的。

不过，当所有的政治家都从唯理智论假设着手时（虽然也有些政治家半无意识地养成量的思维习惯），许多人由于幻想破灭和反感而彻底抛弃了政治。培养政治家需要完全有意识地阐述和接受那些学过就毋庸抛弃的方法。

这样一种有意识的变化正在各皇家委员会、国际会议以及其他必须把大量专门搜集到的证据加以归纳并作出结论的团体和个人的工作中发生。他们使用的方法和词汇，即使不是用数字表示的，现在基本上也是定量的。

然而，在议会演说中，过分简单化仍积重难返。

（第二部分——第一章——政治道德，第 113 页）

但是，政治学中的这些变化以何种方式影响政治力量的实际动向呢？

首先，政治思想家和作家摈弃唯理智论的政治概念迟早会影响实干政治家的道德判断。一个年轻的候选人对于同那些其愿望和见解他试图影响的人的道德关系会有一种新的认识，并从这种新的认识开始工作。就这点而论，他会从一个至今只有那些被经验变得玩世不恭的政治家才有的立场着手。

如果我们的新知识的结果仅限于此，政治道德可能变得更糟。但是变化将会深远得多。当人们开始意识到他们过去没有意识到或仅仅半意识到的心智过程时，他们不仅会提防别人来利用他们的那些过程，而且还能够更好地从内部予以控制。

然而，一个有意识的道德宗旨要坚强得足以作为一种政治力量克服日益提高的政治宣传技能的话，从内部控制这一概念必须成为一个理想的实体，这个实体要像“科学”一样，能诉诸大众的想象力，并以有组织的教育体系广为传播。这方面的困难是巨大的（部分地是因为我们对自我意识对本能的种种反应缺少认识），但是因果概念广泛传播和道德感情增强是不矛盾的。

（第二章——代议政体，第 134 页）

我们的政治心理基础概念中正在发生的变化还会使关于代议

民主的辩论重新展开。

在辩论中，一些老的论据将不再被承认为有效，不少政治思想家（尤其是学过自然科学的）很可能会重新捡起柏拉图关于由一批经过选择和受过训练、生活在“表面世界”之外的人掌权的专制政体的建议；虽然英国在印度的经历表明，即使最精心选择的官员也仍然只能生活在“表面世界”之内，而所谓“好政府需要被统治者同意”这一论据的有效性并不取决于它固有的唯理智论联想。

然而，我们思考政治的新方法必然不仅会改变“同意”这一论据的形式，而且还会改变“同意”借以表达的制度的形式。一次选举（和陪审团审判一样）将会被而且已经开始被看作是在正确条件下作出正确决定的方法，而不是将业已作出的决定予以确认的机械手段。

各种关于使老的唯理智论传统持续下去的选举改革的建议仍层出不穷，而政权的普及也会使代议政体的运行发生新的困难。但是那种既要增进选民的知识和公共精神又不许对选民施加过重压力的代议概念将会传播开去。

（第三章——关于官员的思考，第 159 页）

对普选产生的政治力量进行的定量观察表明，非选举产生的官员的工作在任何有效民主组织中都是重要的。

非选举产生的官员与选举产生的代表之间应当是什么样的关系呢？对于这个问题，英国的舆论已经显示出一种反对唯理智论代议政体概念的迹象。我们承认下述事实：绝大多数国家官员是由一项既不是被个别议员也不是被整个议会操纵的制度所任用的，官员只要忠于职守即可保持职位，他们是我们据以作出政治判断的某些最困难问题的主要信息来源。同一制度未贯彻于我们的地方政府纯属偶然。

但是，这样半无意识地把一个部分地独立的文官系统当作一个既成事实来接受是不够的。我们必须清楚地认识我们想要我们的官员做些什么，并研究我们目前的任用方式，尤其是我们目前的组织官员工作的方法，在多大程度上提供实现那个意图的最有效手段。

（第四章——国家和人类，第 176 页）

政治思想中的各种新倾向会对政治团结的感情条件和理智条件产生什么影响呢？

在古老的城邦里，政府的管辖范围与人的视力和记忆力所及的范围相一致，可以发展一种地方感情，而在目前“消除了地方性”的人们中则不可能。因此，一个现代国家的团结不能取决于观察到的事实，而只能取决于想象的事实。

现存欧洲民族国家的两位缔造者马志尼和俾斯麦认为，一个国家的可能的幅员取决于民族同一性，亦即一个国家的每一成员必须相信所有其他成员都和他自己相像这一可能性。俾斯麦认为真正的同一程度是这种信念的必要基础，可以用“铁血政策”取得；马志尼则认为人类已经分成许多同一的集团，欧洲应按其界线重建。两者都深信不同民族类型的个人之间是不可能有政治团结感情的。

在过去二十五年里，这个关于由许多同一民族国家组成的世界概念已被下述两点变得更加困难：①现代国家中各种独立的民族感情继续存在和甚至增强；②事实上，欧洲人种和非欧洲人种已处于更密切的政治关系。因此，企图把民族同一和团结的传统转嫁给一个现代世界帝国的全体居民或其中居统治地位的种族成员，是抹煞事实真相，并增强了战争的危险。

但是，我们能获得一种不是基于对每个人都相像的信念而是基于每个人都不相像这一认识的政治感情吗？达尔文关于个人与种族差异之间关系的证据如果不伴有作为一种道德责任的“生存斗争”概念，就可能产生这样一种感情。事实上，种族间甚至帝国间的战争可被比作物种进化中必不可少的阶段。但是当代生物学家告诉我们，任何一个种族都可以从个人的自觉合作而不是盲目冲突中最有效地获得进步；整个物种的进步也会来自以承认种族及个人差异的价值为基础的自觉的世界性宗旨，而不仅仅来自斗争。

导　　言

政治学的研究目前(1908年)正处于非常令人不满的境地。

乍看起来,关于最佳政体的大论战似乎已最后解决,代议民主政体高奏凯歌。四十年前,把一个大的现代国家的主权置于普选基础之上,至少在欧洲,仍然可被说成是一个从未成功地进行过的试验。确实,英国凭借1867年的"冒险行动"[①],成了当时唯一的一个实行民主和代议政体的欧洲大国。但是今天,一个以普选为基础的议会共和政体存在于法国,没有遭到重大的反对或抗议。意大利享有显然十分稳固的君主立宪制。奥地利刚宣布实行普选。就连德皇在1907年选举后也自称是一场普选运动的胜利的领导者,而不是神权的继承者。绝大多数俄国人强烈地希望有一个拥有最高权力的议会,而反动的杜马发现自己被形势不断向那个局面推进。最信奉教皇至上主义的罗马天主教徒要求给教皇管理教会财产的世俗权力,不再是作为理想的世界政府体系,而是作为在区区数平方英里意大利领土内为一个教会的领导人争取行动自由的应急手段,这个教会的几乎全体成员将始终是各立宪国家的选民。没有一个与十九世纪的共产主义运动和无政府主义运动

① 指1867年英国第二个选举法修正案通过。——译者

相联系的非代议民主制建议曾获得公认,也未能以明确的建设性纲领姿态出现;而今天,几乎所有那些希望借助社会变革使现代科学工业成果分配得更公平的人,都对工人阶级的选举活动寄予希望。

然而,就在那些最全心全意地接受代议民主的国家里,政治家和政治研究者们似乎对他们的亲身体验迷惑不解,大失所望。美国在这方面进行了最持久的试验。他们的宪法已存在一又四分之一个世纪,尽管对宪法细节的不同解释曾引起争议甚至战争,但是宪法的原则几乎始终没有受到过挑战。但是,就一个英国观察者所能判断,没有一个美国人对其力量在联邦、州和市的政治中还在不断增强的选举"机器"感到满意。

在英国,不仅我们对代议民主的经验远远不及美国,而且我们的政治传统也倾向于使民主观念甚至在民主体制的运行下也迟迟得不到充分认可。然而,即便具体情况不同,英国最忠诚的民主主义者(如果他们与选举组织的细枝末节有密切关系)同样显示出一种在美国已变得更为明显的失望情绪。我曾经帮助进行过许多次议会竞选,也曾经在一连五次伦敦市议会选举中当过候选人。在上次竞选中,我听到我的两位游说者在谈论当天的工作时不约而同说了一句:"这事情真怪。"我在英国听到不少职业政治代理人说过同样的话,而这些人的效率却取决于他们实事求是地看待选举,不抱任何幻想。我对德国或意大利的竞选活动没有亲身体会,但是一年前当我和巴黎市议会的议员们谈话时,我从他们当中的某些人身上仿佛看到对民主选举制度的运行有幻想破灭的迹象。

在英美,人们还有这样一种感觉,似乎产生最伤脑筋问题的是社会的新生力量，而不是腐朽力量。在美国，选举“机器”表现最恶劣是在那些其人口、财富和能量代表着其余美国文明显然正在追求的目标的新的大城市里。在英国，对任何一个目光远大的人来说，老的渔港的猖獗的贿赂，或者大城市的传统的和为数可观的贪污，似乎都是些比较小和容易对付的弊端。更令人严重不安的是富豪和企业的最新花招、现代化的报纸、支配巨额工业资本积累的人的权力和手腕以及工人的有组织的政治热情，这些工人念过小学，居住在方圆数百英里的新的、卫生的、难以区别的郊区街道上。每过几年，就发明一种新的政治方法，这种方法如果行之有效，两党就都予以采用。政治就像踢足球，流行的战术不是制定规则的人期望的那些，而是球员发现能赖以取胜的那些，而人们隐约感到，他们的党最可能赖以获胜的权宜手段并不能把国家治理得最好。

更重要的是一种恐惧心理（往往表现在政治中发生新的问题之际），唯恐现行选举制度承受不住强化了的社会冲突的压力。英国人讨论关税问题、美国人讨论资本集中问题或德国人讨论社会民主问题，使用的论据不少都含有这种心理。人们说，只要不发生那些促使拥有财富和工业权力的人充分利用他们的机会的问题，普选就能运行得相当顺利。但是，如果哪一个现代国家的富人们认为，为了保证一项税率，或使一个托拉斯合法化，或反对一项没收性税，值得将他们的三分之一的收入捐献给一项政治基金，那么，任何一种已制定的《惩治贪污法》都休想阻止他们花这笔钱。如果他们这样做，还得学许多本领，而制造情绪和舆论的本领已达到登峰造极的地步，以致整个政治较量的状况今后将为之改观。任何一个现有的政党，除非大大增加其基金，或找到其他新的政治力量来源，都难保永远立于不败之地。

不过，以选举纯洁的名义呼吁贸易保护主义者、托拉斯提倡者以及社会主义者放弃他们的各种各样的运动，把政治局限在一些比较不太刺激的问题上，这种呼吁自然被充耳不闻。

还有，将选举权授予妇女的建议遭到了对自己的智力基础心中无数的政客们所特有的那种迟疑和规避。一个正在就民主的各项原则发表宏论的候选人在受到诘问时，觉得很难想出一个理由为继续剥夺妇女的选举权辩护。正因为如此，在1906年大选中，两大党获胜的候选人都发誓要支持妇女选举权。但是，当我撰写本书时，发誓的人当中有不少，可能是大多数，似乎正在竭力避免履行誓言的必要性。没有理由认为他们这些人极端不老实，他们对一个最后决定可能产生的结果的顾虑显然是真诚的。他们知道男女之间存在着某些差别，虽然他们并不明白这些差别是什么，也不懂它们怎样同选举权问题有关。但是，他们的疑虑甚至比誓言更加不牢固，在不久的将来，问题可能因一方坚决要求，另一方顺水推舟而了结。

这种对于明确政治论争中被当作业已解决的问题的未决感，由于种族问题日益紧迫而加重了。十八世纪和十九世纪初期欧美的民主斗争是由一些光为欧洲种族着想的人进行的。但是，1870年后，民主不断扩张，世界列强几乎都致力于掠夺热带属地，交通工具的改进使世界上所有的种族交往日益密切。老百姓如今发觉，至高无上的选举权实际上只属于一些起源于欧洲的民族(只有为数甚少的例外)。但是，代议原则的形式或历史似乎都没有任何东西可证明这种状况是正确的，也提不出任何东西来代替选举权作为政府的基础。老百姓也无法从民主国家给或不给非欧洲国民选举权这一实践中得出顺理成章的结论。例如,美国已悄悄地、几乎一致同意地放弃了黑人选举权的试验。在这件事上,由于西非黑人与北欧和西欧白人之间智力相差悬殊,问题是比较简单的,但是至今还没有认认真真去谋求新的解决办法。美国人在处理中国、日本和斯拉夫移民所引起的或统治菲律宾多种民族所产生的更微妙的种族问题时,显然大伤脑筋,左右为难。

英国及其殖民地在非白种移民和占领热带属地所产生的政治问题面前同样显得举棋不定。甚至当我们讨论亚洲各独立国家的政治前途时,例如"无代表权不纳税"的原则是否应被看作对它们适用,我们也不清楚。我们自己作为亚洲霸主的地位在很大程度上取决于中国和波斯的发展,这两个国家的人民在某些方面可以自称比我们聪明。当他们采用我们的工程、机械或军队体制时,我们深信不疑他们是在为自己做一件好事,尽管我们可能会担心他们在贸易上或军事上同我们对抗。但是,现在没有一个边沁的信徒急于把我们在政治体制方面的最新发明输出供亚洲国家普遍使用。我们听说波斯人已经成立了议会,正密切注视着他们的试验的发展,而对它可能产生的结果完全不作判断。我们帮助日本人维护他们作为一个立宪国家的独立,大多数英国人也隐隐地对中国进步分子争取民族独立和内部改良的愿望表示同情。然而,一个中国人问他是否应该投身于争取一个欧洲式议会的运动,我们当中却几乎没有人愿意给他明确的忠告。

在我们自己帝国内部,这种对我们政治原则限度的不确定性随时都会产生实际的灾难。比方,在非洲,居住在我们领地上的欧洲人与非欧洲人如卡非尔人、黑人、印度人、哥普特人或阿拉伯人之间的政治关系是按照与纳塔尔、巴苏陀兰、埃及或东非完全不同的方式处理的。在每一种情况下，体制上的差别不是由于当地问题的性质而是由于历史的偶然，随时随地都可能因为欧洲人侵犯英国政府保留给非欧洲人的权利，或者因为非欧洲人起来造反而出乱子。黑人和白人都因为内罗毕实施一条法律，德班实施另一条法律而恼火。

当然，这种情况就印度来说最为危险。在二三个世代内，一位普通的英国自由党人对印度政治迟迟不作决定，因为他认为我们是在教育印度人进行自治，到时候他们都会投票赞成建立印度议会。现在，他已逐渐懂得，印度有许许多多种族，那些种族本身之间的一些最重要的差别，以及每一个种族与我们自己之间的差别，都不是教育所能消除的。他所尊敬的人告诉他说，这个事实使得适合英国的代议制绝对不适合印度，因此他只好继续战战兢兢地为三亿人的永久专制统治负责，时不时记起这些人或他们的邻人中的一些人可能有比他自己明确得多的政治观念，他最后也许必须为一个他一点都不希望保持的政权作斗争。

与此同时，印度问题的存在使英国自由党人下意识地放松了对国内问题的民主原则的掌握。报纸、杂志和轮船不断使印度对他变得更为真实；要不是他默认了不给拉其普特人、孟加拉人和印度祆教徒选举权的决定，那他对于波兰移民或伦敦"住旅馆"选民应该有选举权的信念就会更加坚定明确。

当然，我们不能指望讲究实惠的政治家们仅仅因为有一种不安的感觉，觉得竞争的规则需要重申，可能还需要重订，就在运动中途停顿下来。但是,竞选的胜负不会把一个国家的政治责任消耗干净,可能从来没有一个时候像现在这样更迫切需要把各项政治原则公正地予以检查。迄今为止,促进政治思考的主要动力是战争和革命,是希腊城邦反对波斯人的斗争以及城邦内部争夺霸权的灾难性斗争,或者是十六世纪和十七世纪的宗教战争以及十八世纪的美国独立战争和法国革命。然而,到目前为止,当代欧洲突出的社会事件是各项伟大运动的失败而非胜利;俄国由于改良者当中根深蒂固的知识分子的倾轧以及现代化武器和交通工具使无论多么暴虐腐败的政府都占有军事优势而明显地使忠诚和勇气付诸流水;德国社会民主党人被宗教和爱国主义的势力以及他们自己的信条一无结果所挫败;美国接连出现的民主浪潮在资本掌握的政权下显得软弱无力。

但是,失败和迷惑可能像最成功的革命一样向人们提出严肃思考的要求,这种要求目前正在许多方面得到满足。政治经验以前所未有的严密性和精确性被记录下来并加以研究。以往的政治活动史不是交给学者去关起门来研究,而是成为有组织的、分工精细的课题。当前许多新的政治发展,如澳大利亚联邦、瑞士的公民投票、德国的公共财政、英美的政党制度以及其他无数事例,都在行销全球各大学的专门论著和技术性杂志中不断获得记录、讨论和比较。

对一个一二百年前的政治思想家来说,现在唯一缺少的一种研究方式,是按照政治与人性的关系来研究政治。过去时代的思想家,从柏拉图、边沁到米尔,都对人性有独到的看法,并把那些看法作为思考政治的基础。但是,现代的政治学论文,无论探讨制度也好，讨论财政也好，没有一篇具有像边沁的《道德与立法原则》那样的开场白："大自然把人类置于痛苦和快乐两位主宰的统治之下"，也没有一篇具有像纳索·西尼尔的《政治经济学》那样的"大前提"："人人都想以尽可能少的牺牲获得更多的财富。"在大多数作品里，人们甚至无从知道作者到底是否有意识地拥有任何人性的概念。

要懂得这种情况如何发生，是很容易的。政治学的过于自信的表白在十九世纪上叶遭到公认的失败以后，刚刚开始恢复一些威信。边沁的功利主义在取代天赋权利和法学家的盲目传统，成为全欧洲无数法制改革和体制改革的基础以后，由于普通老百姓不相信快乐和痛苦是人类动机的唯一源泉而夭折了。大学和报纸的"古典"政治经济学以及麦卡洛克、西尼尔和惠特利大主教的政治经济学企图从人性的"少数简单原则"推断整个工业体制，其下场甚至更惨。它被等同于维多利亚女王统治前半期富人们企图赖以使劳动人民相信生活中好东西分配的任何变动"在科学上俱属不可能"的浅薄的教条主义。马克思、拉斯金和卡莱尔[①]善于讽刺挖苦，他们用来慢慢地迫使报纸放弃"政治经济法则"（这些法则从1815至1870年像大腹便便的警察那样屹立着保护地租和利润）的方法至今尚未被人们忘怀。

正当反对"政治经济学"的斗争进行得热火朝天的时候，达尔文的《物种起源》展现了一个世界，其中那"少数简单原则"似乎有点荒唐，迄今还没有任何东西取代它们。确实，赫伯特·斯宾塞先

① 卡莱尔（1795—1881）：英国作家、评论家、历史家。——译者

生企图把他从生物进化史仓促得出的结论变成他本人的一门完整的社会学，并宣扬一种“仁慈的私人战争”①，把这场战争完全等同于1884年在英国小店主中流行的那种程度的生意竞争。斯宾塞先生甚至没有获得报纸的全心全意的支持；但是就他的体系广为流传来说，它有助于进一步使任何使政治学与人性研究相结合的企图声名扫地。

因此，目前差不多所有研究政治的人都分析体制而避免分析人。诚然，自从人类进化学说创始以来，心理学家研究人性的工作有了巨大的进展，但是这个进展过程并没有影响政治研究，也没有受政治研究的影响。现代的心理学教科书充满了无数从家庭、学校、医院以及心理实验室汲取的例证，但是对政治几乎只字不提。确实，新兴的社会学教授们正在开始不仅按照人性与家庭、宗教和工业的关系，而且还按照人性与某些政治制度的关系来研究人性。然而，社会学对政治学的影响至今仍微乎其微。

我个人认为，这种把政治研究同人性研究割裂开来的倾向只是思想史上一个短暂的阶段，在这个阶段延续期间，它对政治学以及政治行为的影响很可能是有害的，已经有迹象表明这个阶段行将结束。

常有人说，如果工作要做得彻底，道德科学必须像自然科学一样有分工。但是这种分工事实上是办不到的。政治研究者必然会自觉或不自觉地形成一种人性概念，自觉性越差，越可能被这种概

① 《人对国家》第69页。“仁慈的私人战争使一个人拼命从另一个人的肩膀爬上去。”

念支配。如果他本人有丰富的政治生活经验,他的不自觉的假设可能是有用的;如果没有的话,那它们肯定会使人误入歧途。例如,罗斯福先生论《美国人的理想》这本小册子是有用的,因为当他考虑到政治中的人时,他考虑的是他所熟知的政治家。读过这本书的人会感到美国大学教授们所写的许多更系统地论述政治的书是无用的,就因为作者们谈论的是些抽象的人,这些人是按照他们所觉察不到的、从未以经验或研究核实过的假设形成的。

在涉及人的行为的其他学科中,研究所做之事与研究做该事之人之间是没有区分的。在犯罪学方面,比卡利亚和边沁早就指出,那种把罪行的分类同对犯人的研究割裂开来的法理学是多么危险。他们所掌握的人性概念已被进化心理学取代,但是诸如隆勃罗梭这样的现代思想家已把新的心理学用来为一种新的和富有成效的犯罪学服务。

还有在教育学方面,洛克、卢梭、赫伯特以及博学多才的边沁都把他们的教育理论建立在人性概念之上。这些概念和作为他们的政治理论基础的概念是一样的,而且都受现代知识的影响。在短短一个时期内,就连英国师范学院的教师们也打算像在政治中一样把研究人的体制同研究人性区分开来。在这个时期内,教学方法的讲授与教育理论的讲授各行其是。前者仅仅成为最佳学校的组织和教学的叙述和比较,后者则是孔美纽斯、洛克或卢梭等经典作家的解说,偶尔也穿插些评论和批评;它们酷似那些关于亚里士多德、霍布斯、洛克和卢梭的非正式讲话,这些讲话冠以政治理论的名义,在我当年在牛津大学攻读古典文学时构成了一个非常有趣的插曲。但是,虽然牛津讲座依然故我,师范学院关于教育理论的讲授却开始发生变化，同医科学生培养中发生的变化一样巨大，解剖学的教师们不再讲解权威人士的经典著作，而是开始自己负起责任，最充分地说明他们所掌握的有关人体构造的因素。

这个变化的原因显然是：牛津大学的政治理论讲师往往不是政治家，师范学院的教学理论讲师却无一不是教师，对他们来说，任何新知识能否有助于他们的工作是个至关重要的问题。因此，人们发现，在威廉·詹姆斯、劳埃德·摩根和斯坦利·霍尔等教授的领导下，一门进步的教育科学正在蓬勃发展，它一方面研究各种类型的学校组织和方法，一方面刻意从专门实验、内省以及其他学科了解儿童的真实情况。

以现代心理学为基础的现代教育学已经对其教师受过专业训练的学校发生影响。教育学的事例逐年增加，它已经避免在沉闷的授课上浪费许多时间，已经使数以千计的教师对工作有了新的认识，并且使千千万万儿童增进了知识和快乐。

我写本书是为了说明：政治学状况的相应改变是可能的。在庞大的大学人员队伍里，一批数量不断增加的政治学教授和政治研究者在孜孜不倦地埋头工作。我不由地想到，随着岁月的流逝，他们当中更多的人将会求助于那种作为道德科学老伙伴的对人的研究。在每一个大城市中，许许多多人由于希望获得比目前的政治论战更使人满意的东西而在晚上聚会。他们有他们自己的非正式的领导和老师，在这些人身上，已能看出对提供的替换办法表示不耐烦，这些办法要么是单纯将现行各种机制作比较，要么是奢谈社会主义或个人主义、民主主义或贵族主义对人的合适性，而人的天性则被认为理所当然。

如果拙著为任何正式的或非正式的思想家所阅读，我将极力主张：对政治中的人性的研究工作如果由许多饱学之士通力进行，不仅会加深和拓宽我们对政治体制的知识，而且还会打开一个未被发掘过的政治创造力的宝库。

第一部分

问题的状况

第一章　政治中的冲动和本能

任何人要想以重新检查人性的作用当作他的政治思想的根据，必须首先克服他自己夸大人类理智的倾向。

我们往往认为人的每一行为都是理智作用的结果，人凭借理智首先考虑他期望的某个目的，然后再估计据以达到那个目的的手段。比方说，一个投资者期望的是绝对安全外加百分之五利润。他用一个小时认真研究股票行市表，最后断定购买酿酒厂股票能使他最充分地实现他的愿望。鉴于他冀求绝对安全的固有愿望，他的购买股票的行为似乎是他的推理的必然结果。安全的愿望本身似乎可以进一步看成仅只是对满足全人类所共有的对“幸福”、自身“利益”或诸如此类东西的更普遍愿望的手段的一个理智推断。满足这种普遍愿望可以被当作人生的最高“目的”，我们的一切行为和冲动，无论大小，都来自于同一理智作用，犹如从一个论点的前提得出结论。

这种思想方法有时被称为“常识”。它应用于政治的一个良好例子可见之于 1829 年 3 月号《爱丁堡评论》中麦考莱对边沁功利主义信徒的著名抨击中的一段话。奇怪的是，这个政治奠基于教条主义心理学的极端例子竟是旨在说明“绝对不可能从人性原则推断政治学”的论点的一部分。麦考莱问道：“哪一个关于人性的命题是绝对和普遍正确的？我们只知道一个：它不但正确，而且完全相同；即人总是根据自身的利益行事……当我们看到一个人的行为时，我们必然知道他认为他的利益是什么。”麦考莱自以为是彻头彻尾反对边沁的，但却无意识地采用和夸大了边沁及十八世纪和十九世纪初多数哲学家所共有的假设——一切动机都来源于某一预先想好的目的。

如果逼他一下，麦考莱也许会承认，在有些情况下，人的行为和行为冲动是与任何达到目的的想法无关的。如果我眼里进了一粒沙子，请人家用手帕角把它擦掉，当手帕接近的时候，我总是会闭上眼睛，而且总是有一种强烈的冲动要这样做。谁都不会以为我闭上眼睛是因为我经过郑重考虑后，认为这样做符合我的利益。多数人临阵脱逃、堕入情网或去闲谈天气，也不是为了达到某一个预先想好的目的。确实，如果用摄影机和留声机在一个人不觉察的情况下把他在普通一天中的言语举动统统录制下来，第二天当着他的面播放，他会惊奇地发现几乎没有什么言语举动是蓄意谋求达到目的的手段的结果。当然，他会发现他的不少举动是在习惯的影响下半自觉地重复原来更充分自觉的动作。但是，即使把一切习惯行为都去掉，他们会发现余下的只有极小部分可以解释成是理智估计的直接结果。如果另外把他的那些未导致行为的冲动和感情也记录下来，就可以看出它们同那些已导致行为的冲动和感情是一样的，它们当中绝少含有麦考莱认为理所当然的那种理智作用。

如果当时再逼麦考莱一下，他也许会承认，即使一个行为预先对目的和手段进行了估计，也并非是那种估计的必然结果。即使我们知道一个人认为做什么对他有利，我们也不能肯定地知道他将会做什么。研究股票交易所全部上市股票的人，除非除了对这件事的理智推断以外，还有一种写信给他的股票经纪人的冲动，这种冲动强烈得压倒另一种把事情搁到明天再说的冲动，否则他是不会把股票买来的。

麦考莱甚至可能进一步承认，估计这一心智行为，其本身来源于或伴随着一种作估计的冲动，这种冲动同任何预先的对目的和手段的考虑毫无关系，而且从半自觉地服从一系列空想直至强使疲乏的头脑去进行精确思考这一艰难任务可以有许多变化。

心理学教科书如今告诫每一个学生要慎防我引用的麦考莱那段话所说明的"唯理智论"谬误。如今人们一致认为，冲动有一段它所特有的进化史，比它往往被借以指引和限制的那些理智作用的历史来得悠久。我们从遗传得来的机体使我们倾向于以某种方式对某些刺激作出反应，因为这些反应过去时候对维护我们的物种起过作用。其中有些反应我们明确地称之为"本能"，亦即对某些确切的行为或一系列行为的冲动，对行为可能产生的结果事先并不自觉地加以考虑。① 那些本能往往是不自觉的、无意识的；有时候，就人类和其他高等动物而言，是自觉的，有意识的。但是，它们所显示的手段和目的之间的关系不是行为者苦思冥想的结果，而是以往许多行为倾向中"适者生存"的结果。确实，有些本能在显然无用的情况下还是保留了下来，比方一条狗在地毯上卧倒之

① "本能通常被解释为如此地行动以产生某些结果，这些结果未曾预见，过去也未受过这样做的教育。"W. 詹姆斯：《心理学原理》第 2 卷，第 383 页。

前先转圈子把“草”弄平；又比方一个伤寒病患者在康复期间明知危险还渴想吃固体食物。

冲动不总是有意识的先见的结果，这一事实最清楚地见之于儿童。一个婴儿最初的吮吸或抓握的冲动显然是“本能”的。但是，即使在无意识或无记忆的婴儿期被有意识的幼儿期取代以后，当孩子看到一个无害的生人时，还是会飞奔到他的妈妈跟前，把脸藏在她的衣裙里。再长大些，他会虐待小动物，躲避大动物，或者偷果子、爬树，尽管并没有人教他这样做，尽管他可能因此而吃苦头。

我们通常认为“本能”包含许多独立的意向，每一意向针对某一独特的行为或一系列行为。但是，即便在非人类的动物中间，也没有理由认为全部遗传而来的冲动可以这样划分。冲动的进化史必然是非常复杂的。一种由于产生一个结果而存在下来的冲动可能因为产生另一种结果而经过修正后继续存在；借助针对各种具体行为的冲动，我们能从一切动物身上发现许多含糊而笼统的倾向，它们往往交错重叠，互相矛盾，如好奇和胆怯、同情和残忍、模仿和不停活动。因此，巴尔福先生说我们必须要么证明例如寻求科学真理的愿望是教我们“搏斗、吃饭和抚养子女”等特殊本能中的一种所遗传下来的，要么必须承认《简明教义问答集》的超自然的权威，[①]他的这个巧妙的双关论法其实是多此一举，可以避免的。

然而，我们的不少冲动的先理性特征是被下述事实掩盖了的：在每个人的一生中，这些冲动日益为记忆、习惯和思想所改变。甚

① 《新物质原理提供的思考》，1904 年版，第 21 页。“就自然科学所能告诉我们的来说，每一种无助于我们搏斗、吃饭和抚养子女的意念或理智特质都只不过是有助于我们搏斗、吃饭和抚养子女的意念或理智特质的副产品。”

至非人类的动物也能够通过模仿或通过特有经验养成的习惯来改变它们继承下来的冲动。例如，当电报线最初架设的时候，许多鸟儿冲撞在上面，送掉了性命。但是，尽管送掉性命的鸟的数目显然不足以使鸟的生物遗传发生变化，现在已绝少再有鸟儿冲着电线飞。小鸟必然模仿已学会避开电线的老鸟；正如许多食肉兽的幼仔据说已从它们父母那里学会不少作为经验产物的花招和预防措施，然后自己模仿改进，再传给下一代。

再者，在人和其他动物发育的某一关头，会出现许多直接遗传的冲动，这些冲动如果被抑制就消亡，如果未被抑制，就形成习惯；而一些原本强烈而有用的冲动，可能不再对维护生命有用，就会像鲸鱼的腿或人的牙齿和毛发一样，由于生理退化而弱化。这种暂时的或弱化了的冲动特别容易转移给新的客体，或者为经验和思想所改变。

中小学教师必须应付所有这些复杂的事实。在麦考莱时代，教师往往受他的“常识”的引导，把整个应付过程理智化。对于受古老的冲动驱使做小动作、逃学、追逐猫或者学老师怪样的倒霉的男生们，教师总是以惩罚相威胁，责问他们“为什么”这样做。学生们由于不懂得自身的进化史，只好编造一些稀奇古怪的谎言，并因此而受到惩罚。今天的训练有素的教师把这些冲动的存在看作一件正常的事，并决定在一种情况下应如何依靠那种形成大部分课堂纪律的半自觉模仿来抑制这些冲动，在另一种情况下又如何通过激发自觉认识行为及其后果之间的道德关系或刑罚关系来抑制冲动。总之，教师控制本能冲动的力量在于认识这种冲动的非理智起源。他甚至能够把这种认识扩大到他自己的冲动，并克服这样一个信念:他在七月份下午上课时心情烦躁乃是对付一批顽劣至极的男生必须特别严厉的理智推论的结果。

然而,政治家还是容易像五十年前的教师那样把冲动彻底理智化。他有两个借口,第一,他与之交往的全都是成人,成人的冲动受经验和思想改变之深远远超过孩童;第二,任何一个思考政治的人都把他的思考限制于那些附有最大数量的自觉意图因而首先进入他大脑的政治行为和冲动,要不这样限制是极其困难的。但是,政治家所思考的是大集体内的人,正是在预测大集体的行为时,唯理智谬见最容易使人误解。经验和思想的结果往往限制于个别的人或小集体,这些结果如果不一致,作为政治力量就会互相抵消。原始的人的冲动是全人类都相同的(个人则有所不同),其重要性随着受它们影响的人的数目的增加而增加。

因此,也许值得把某些较明显或较重要的政治冲动来叙述一下,始终要记住,在政治中,我们应付的不是在儿童和动物身上见到的那些明确的、不相连的冲动,而是一些常常被人类进化所削弱、更经常地被转变成为新的用途、不是单独地而是共同地或对抗地起作用的意向。

例如,亚里士多德说,"感情"(或"友情",因为 φιλία 的意义介乎这两个词之间)"使政治联盟成为可能","立法者把感情看得比正义还重"。他说,感情是同类动物中间,特别是人中间的一种遗传本能。如果我们要寻找这种最简单形式的政治感情,可以从我们对任何一个其品格我们知之甚详的人表示"好感"的冲动中找到。这种冲动可被其他冲动抑制和压倒,但是任何人都可以亲自来检验其存在和先理性,比方他可以上大英博物馆去观察一个死于四千年前的埃及小女孩爬在地板上擦鞋尖的姿态对他的感情所产生的影响。

竞选的策略主要在于可据以直接建立这种个人感情的出奇制胜之道。候选人被劝告经常在大庭广众间“亮相”、授奖、在他人演说结束时“讲几句”——一切都在这样的情况下进行：在场者对候选人的长处形成合理看法的机会很少或根本没有，而产生纯粹本能感情的机会倒不少。候选人的肖像被定期散发，如果是一张好的，也就是说，有特色的，而不是比本人漂亮的肖像，那就更灵了。最好是一张他在花园里抽烟斗或看报纸，鲜明地突出他的日常生活情景的相片。

一个其感情被这样激发起来的头脑简单的支持者也许会试图对此作出理智的解释。他会说，此人（对于这个人，除了相片里头戴巴拿马草帽，手牵一条小狐狸狗之外，他也许确实一无所知）是“我们需要的那种人”，因此他决定给予支持；就像一个小孩会说他爱他的母亲，因为她是天底下最好的母亲，[①]或者一个恋爱中的男人会煞费苦心地解释他的完全正常的感情，把它称之为从他心上人的出类拔萃的优点中得出的理智结论。候选人自然也会以同样方式进行思考。有一次，一个我认识的极其谦逊的人对我说，他常在他未来的选民中“走动”，“让他们看看我是一个多么出众的人”。的确，除非这个过程可以理智化，许多人对此是难以理解的。

一位君主是一个终身候选人，存在着一种为他培养个人感情

---

① 一天，我认识的一个极会动脑筋的小女孩在望着她的母亲时，突然有一种强烈的感情冲动。她先是照例理智地解释她的感情：“妈咪，我认为你是天底下最最美丽的妈咪，”然后，想了一会儿，又改口说，“可是，人们说爱情是盲目的。”

的精心炮制的传统艺术。他被人看见要比他说话或做事重要得多。他的肖像出现在每一枚钱币或邮票上，除了本人漂亮问题外，如果是张好的肖像，效果就特灵。例如，谁要是能清楚地回忆起维多利亚女王在位晚期自己的感情，就会记得，当1897年一张栩栩如生的肖像取代了1837—1887年钱币上袭用的头像以及女王在位六十周年纪念的尴尬妥协以后，他对她的感情大大增强了。就君主来说，人们也能够看到报纸、官方传记作者、朝臣以及可能君主本人使整个过程理智化。实际上，关于君主的散步和驾车出游等细节的日常公报更可能制造一种对他的品格的鲜明印象，因此，为了培养这种感情，叙述的就越发都是一些平凡的事。但是，由于平凡的事产生的感情是难以在纯理智基础上解释的，因此这些事就得用显示一种特别规矩和勤俭生活的笔触来写。当感情产生以后，有时甚至被形容为对君主在位时期进行思考所必然得出的合理结论，在位时期有空前多的五谷丰登或伟大发明。

有时候，感情冲动被刺激到使其非理性特征变得一目了然的地步。乔治三世深受英国人民爱戴，因为他们熟知他和他们一样出生在英国，也因为所发表的他的日常生活起居注使他们倍感亲切。因此，范妮·伯尼谈到，当国王癫狂病发作要用马车送往伦敦皇家植物园时，护送的医生们十分担心，唯恐哪一个村子的居民看到国王手足被捆住会对他们群起而攻之。[①] 类似的忠于个人和王朝的感情（其起源可能在于下述事实：我们人类以前的祖先的组织

---

① 《黛布莱夫人日记》，1905年编，第4卷第184页。“如果他们胆敢使用蛮力，他们毫不怀疑，只要国王稍加反抗，全国人民就会起来援救他。”

松散的队伍在普遍的感情本能转化成一种紧跟和保护领袖的强烈冲动之前，无法抵御食肉敌人）不止一次地引起了破坏性的、完全无益的内战。

恐惧往往伴随感情而来，在政治中往往和感情混为一谈。一个毕生梦寐以求想一睹国王风采并同他交谈的人，在一个偶然的机缘下同国王迎面相遇。他“肃立不动”，脸色苍白，噤若寒蝉，因为在过去时候，只要稍微一动，就可能把他的祖先暴露给一头狮子或一头熊，或更早些时候，暴露给一条饥饿的墨鱼。如果哪一位实验心理学教授把他班里的学生安排在实验室里，每人手腕上系一只脉搏描记器，准备把那些伴随“震颤”感而来的脉动记录下来，然后不预先通知，让一位主教、一位著名将军、一位最伟大的当代作家，还有一位次要的王室成员，不分先后次序，逐个进入实验室，这将会是一个有趣的实验。立即产生的脉搏紊乱记录将具有真正重要的科学意义；甚至可以继续对每一位来者记录十五秒钟，并在学生中追踪对政治见解、教育或幽默感的各种变化的副作用。

眼下，从政治方面对这个问题进行的几乎唯一真正科学的观察，是帕默斯顿勋爵对一个关于贵族的纯粹理智的报告提出的异议：“嘉德勋章*的荣誉是无可非议的。”不过，新的贵族制造者们仍倾向于理智化。例如，法国政府制造了一种“农业勋章”，它照理应该非常成功，但是据说那种勋章的绿绶带在法国压根没有引起任何激动。

笑的冲动在政治中是比较不重要的，但是它为老练的政治家

* 英王爱德华三世于十四世纪中叶设立的英国骑士勋章。——编者

必须承认先理性冲动提供了一个有力的例证。笑显然是认出不合理现象的直接效果，正如发抖是认出危险的直接效果。笑可能是逐渐发展起来的，因为动物在遇到意外时身体微微痉挛很可能是在防备敌人侵犯，笑也可能仅只是我们神经系统中某一在其他情况下有用的因素的意外结果。不过，不合理在很大程度上是个习惯、联想和个人差异问题，要预测哪一种行为对哪一类人显得滑稽可笑，或者不合理的感觉能维持多久，是非常困难的。例如，目的在于在一般脑筋迟钝的人当中制造崇高感情效果的行为——伯克的匕首、路易·拿破仑的驯鹰、德皇关于德国丘八和铁腕的电报——可能这样做，因而最后在政治上获得成功，然而这些行为会使那些其良好政治风度概念基于自我克制这一想法的人哑然失笑。

还有，社会主义和个人主义之间整个经济问题的关键几乎都在财产欲的性质和限度这一点上。似乎有充分理由可认为这是一种真正特殊的本能，而不仅仅是习惯或者理智地选择手段来满足权力欲的结果。例如，儿童在极幼小的年龄就为争夺显然毫无价值的东西闹得不可开交，而且早在他们能有从个人占有中获得利益的任何明确概念之前就把这些东西收藏起来。那些在慈善学校毫无私人财产，甚至没有私人衣服或手帕的情况下长大的儿童，显示出种种由于完全不能满足一种强烈的遗传本能而对健康和个性产生恶劣影响的迹象。财产欲的进化起源也由狗、松鼠或喜鹊的许多习惯表现出来。因此，经济学家应当为我们写一篇论文，从量的方面把这种财产本能好好研究一下。这种本能是不是和猎取的本能一样，得不到满足就会消亡？可以用教育把它消除或改变到什么程度？能够用租借权或终身财产所有权，或者用集体基金会提供的共同财产或修建一个公园来满足吗？要满足它是否需要像土地或房屋那样实质性的东西，还是只要拥有例如殖民地铁路股票就足够了？缺少无限的所有权在个人动产（如家具和装饰品）方面是否比在土地或机器方面感受更深？这种本能的程度和范围在不同的人或人种中，或者在两性之间，是否有显著的差别？

在进行这种调查研究之前，我个人不成熟的看法是这样的：和许多具有很早进化起源的本能一样，财产本能可以用一种公开的假象来满足，正如一只经常喂牛奶的小猫只要让它玩一个小木球来满足它的捕捉本能就能保持良好健康，一个性情温和的公务员只要打高尔夫球就能满足他的战斗和冒险本能。如果情况真是这样，同时如果由于其他原因认为不宜通过占有例如奴隶或土地来满足财产本能，那么，很大一部分财产欲今后将甚至由那些财产本能特别强烈的人通过收集贝壳或美术明信片来满足。

财产的本能是古典经济学家摈弃把一切欲望当作筹划获得“功利”或“财富”的手段的结果的老习惯的两个例子中的一个。他们说，用自耕农制来满足财产本能能够“点沙成金”，尽管每一笔收入要比在薪金雇用情况下付出更多的劳力。另外一个例子是家庭感情的本能。这同样需要一部专著来论述其刺激、差异和限度。但是古典经济学家把它当作是绝对的、无变化的。“经济人”（他对世界上其余人的关心不比一只失群的狼更多些）被视为对其“家庭”具有完美的、永远休戚相关的感情。家庭显然被认为是由西欧人在法律上要对之负供养责任的那些人组成的，但未曾试图估计这种本能是否在某种程度上扩及堂表兄弟或叔伯祖父。

一篇关于各种政治冲动的论文要臻于全面，至少还必须包括战斗本能（战斗以及爱戴和忠诚对成立政党所起的作用）、怀疑本能、好奇本能以及出人头地的愿望。

所有这些基本的冲动在“单一的”，亦即不伴有其他竞争性或对抗性冲动的情况下，其直接效力大为增强；这就是为什么目的在于在一个时候产生一种感情的艺术要比纷纭多变的现实生活容易打动多数人的心的主要原因。我曾经有一次在郊区一家戏院看戏，坐在许多从南非前来参加国王加冕典礼的殖民地骑兵当中。戏名是《咱们的小伙子》，在换幕之际，坐在我旁边的那位不动声色地给我讲了1901年圣诞节早晨杜韦特人袭击英国军营之后在特威方丹发生的骇人听闻的情景——兵士喝醉酒惨遭残杀，几个驾车的卡菲尔人被捆绑在熊熊燃烧的货车上。幕又升起了，五分钟后，我看见他正在为舞台上两个身强力壮的小伙子不得不吃“劣质多塞特[①]黄油”的不幸遭遇而大洒同情之泪。我对兵士和卡菲尔人的感情是“单一的”，而他的感情则糅有记忆中的种族仇恨、激烈战斗以及对英国人无能的蔑视。另一方面，我对舞台角色的同情含有对老一套演出、蹩脚演技以及维多利亚王朝中期情趣的批判成分，而他却没有。

正是这种与混杂而实在的感情相比较的单一而摹拟的感情的更大的直接效果说明了政治代理人的一句传统格言：候选人最好不要住在他自己的选区。他能够自命为“地方候选人”是个有利条件，但是他的地方性应当是特定的，应当表现为每年租一所大房

① 多塞特：英格兰南部一郡，盛产细毛羊及牛、羊油。——译者

子，他在里面过着精心安排的热情好客生活。许多事情——他选择的零售商、他子女的帽子和麻疹、他同亲戚的纠葛——本来是无可非议的，但如果他是一个常住户，就会“变样”，可能会把他产生的印象搅乱。如果人们能借助一个时间器，刹那间看到那个穿着破鞋的埃及小女孩本人，可能会发现她的举动异常可爱，以致加深对她的死亡的怜悯。但如果她在世时果真是个十分可爱的小女孩，人们很可能不会觉得她可爱。

艺术表演引起的感情的直接效果比具体观察产生的感情的直接效果更大，不过这种效果必须按照它与另一个事实的关系来研究——冲动的推动力以及它们引起的神经错乱的深度不是因它们在我们目前生活中的重要性而不同，而是因它们在我们过去进化史上出现的时候而不同。我们不大能够抗拒单纯血管和神经反应的冲动，如嘴巴流涎、四肢抽搐、眼睛闭合，这些是我们和某些最低等脊椎动物所共有的。我们要费好大劲儿才能克制饮食男女的本能、发怒和恐惧的本能，这方面我们是与高等动物一样的。另一方面，我们却很难一贯服从那些伴随推断和联想产生的意象而来的冲动。一个人可能被一系列中肯的道理说服，相信他如果去参观某幢住宅将会堕入地狱；然而他会为了满足一种他羞于承认其存在的半自觉渴望而不惜这样去做。一个传教士通过想象火刑和拷打使地狱对他变得真实时，他的信念可能会获得强制的力量。但是，当他的记忆开始淡忘，那种力量就可能立即消失，甚至最生动的描述也比不上一丝实际的痛楚。在戏院里，由于单一的感情是容易的，四分之三的观众可能会流泪，但是由于第二手的感情是浅薄的，他们当中很少人回到家里后会睡不着觉，或者甚至晚餐失去胃口。我的那位南非骑兵也许刚为《咱们的小伙子》流过泪就没事了。看小说所产生的悲痛感的短暂而舒适的特征是人所共知的。一个人可能看一本小说流泪，过二三个钟头就把小说忘得精光，而同一个人却可能因为生活中一些实际经历而发疯，或者终身改变性格，这些经历远远不及他在小说里看到的那些来得可怕，当时既没有产生眼泪，也没有发生任何其他明显的神经影响。

所有这些事实，在那些通过报纸将一应激发政治行为的事情传达给选民的现代大国里具有最重要的政治意义。比舞台更甚，报纸的感情力量由于是单一的，因而容易接受，由于是第二手的，因而瞬息即逝。战争和饥荒、凶杀和贫困的调查证据，全都被新闻工作者以文艺体裁撰写，“生动的”细节经过精心选择。它们的效果因此立刻就能产生：在中产阶级用早餐的半小时，或者在星期日早晨工人阅读周报的较长间歇。但是，报纸一看完，感情作用也很快就消失了。

正因为这个缘故，在一个以报纸为基础的文明国家里，一个候选人感到詹姆斯教授所谓的“强烈的有效现实感”[①]打动人或打动不了人的奇异情况。在上次竞选时，我走在路上，脑子里想着一些有关的实际问题，并把它们与构成竞选气氛的费解的新闻用语、旧的习惯和新的猜疑这些半自觉冲动相比。我走到街角上，遇见一个十五岁左右的男孩正放学回来，他一眼看见我，立刻脸露喜色，精神抖擞。我站住脚跟，他冲我说道：“我认识您，沃拉斯先生，是

---

① 詹姆斯：《心理学原理》第2卷第547页：“人生的道德悲剧几乎完全在于真理和行为之间应有的联系断绝了，某些意念不带有这种强烈的有效现实感。”

您把奖章挂在我身上的。"在那整整一天里，各种政治原则和论据都被我的选民当作耳边风，但是我在一个学校典礼上把高出勤率奖章挂在学生胸前这一具体事实所引起的感情，却具有第一手经验的全部刺激性。

在整个竞选过程中，候选人在每一关键时刻都发觉大多数人亲眼看到的这个平凡庸碌的世界要比他们通过报纸看到的推理和间接观念的世界充实得多。例如，伦敦的一位郡议员当竞选日子临近，开始摆脱行政委员会的日常事务，进入竞选活动的迷魂阵时，发觉他撇下的一班职员，连同他们每天指定的工作，他们对薪金的希望和忧虑，对于他似乎比他本人真实得多。站在陋街门口不相信他做游说工作不拿报酬的老妇人啦、直截了当地说"我料想你已经看出政治这玩意儿挺费钱"的兴隆而好脾气的小商人啦，这些人仿佛都脚踏实地。无论他怎样经常告诉自己说，伟大的现实是在他这方面，他周围的那些忙忙碌碌的人只关心一些短暂的表面现象，然而他总是不断反复感到正是他自己是生活在一个阴暗角落里。

这种感觉还被下述事实加深：一个候选人必须不断重复同样的论调，必须在自己身上激发同样一些感情，而单纯的重复却产生一种不实在的感觉，令人苦恼。每星期日必须重复同一福音的传教士也发觉"枯燥乏味的时刻"与兴奋得意的时刻交替出现。即使在选民中间，重复同样的政治思想也容易产生厌倦。竞选形势之所以经常改变，一个主要原因似乎是一度受到热烈欢迎的主张过了一二年就变得陈腐单调，而新的主张则显得新鲜生动。

确实需要一位修养高的心理学家来写文章，谈谈我们的神经系统在什么情况下表现出不堪忍受一再重复的感情和情绪。这个事实显然是同产生眩晕、搔痒和晕船等纯粹生理原因有关的。但是，许多“天然的”事情，亦即我们在神经系统逐渐发达时期不断经历的事情，对我们显然并没有这种影响。心跳、水的滋味、太阳的升落、或者就儿童而言，牛奶、或者妈妈和兄弟成天价待在身旁，似乎并不显得单调乏味至极。但是，“人为的”事情——一个钢琴的曲调、一件服装的式样、一个熟人的问候——无论开头多么有趣，如果经常照式照样重复，就会变得叫人无可忍受。报纸在这个意义上也是一样人为的东西，报纸作者的本领之一，就在于以那种像赋格曲[①]的短句一样经常接近但从不超出单调范围的重复来提出他的观点。还有，广告商现在也发觉，改变一下招贴画给眼睛的单调感觉是大有好处的，办法是把那些并排挂在一起的画印成几种不同颜色，或者更妙是让这些画表现“快活的吉姆”或“美丽的苏珊”生涯中一些丰富多彩的事件。

候选人也是一样人为的东西。如果他在他自己的选区生活和工作，选民每天看到一个本来十分可敬的商人坐在早上八点四十七分一班火车的头等车厢里，以同一个姿势看同一张报纸，不知不觉就会产生一种微微不舒服的感觉，尽管同他的关系是“天然的”妻子不会有这种感觉。同理，当选举的日子临近时，虽然候选人可以自命是“站在老讲台上的老议员”，他还是应当稍稍改变他的形象、他的讲话方式以及他宣布的政治信仰的细枝末节以避免单调。

另一个与我们不能忍受一再重复的感情调节密切相关的事

① 赋格曲：一种多声部的乐曲，在五度上模仿并用复调方法发展主题。——译者

实，是隐私的愿望，这种愿望相当显著，其性质近似一种特殊的本能，被另一种害怕孤独的对立本能所抵消。我们的祖先在我们目前的神经系统变稳定的时期内，显然生活在组织松散的家庭群体之中，由于某些偶然的目的结成大一点的，但组织更加松散的部落。没有一个人单独睡觉，因为多半是单配偶的家庭每晚都聚集在一个洞穴或“单坡顶”的蔽身处。白天的猎食大概既不是单身一人，也不是经常成群结队进行的。即使女人留在家里照看孩子，男人还是一天几十次同熟人打招呼，或去参加一件共同的工作。偶然地，甚至在语言充分发展之前，数百人会聚在一起情绪激昂地进行谈判，或者敌对的部落会集合起来准备战斗。

一个正常人需要同他的伙伴进行一定数量的交往，过少或过多，对他都是极难忍受的。多数人尽管明知道自己十分安全，还是觉得难以在一所空房子里睡觉，过三天绝对孤单的生活就苦不堪言。在这方面，即使习惯也无济于事。一个必须受单独监禁，而且监禁时期逐渐延长的人，当他无间断地被关了一年之后，可能会发疯。一个移民，尽管是移民的儿子，而且只懂得移民的生活方式，但除非与家人的日常接触之外，每星期还同一位邻人或陌生人聊一次天，就无法活下去；他会从事漫长而危险的旅行，以便每年一次享受乱哄哄的集体生活。

但是，另一方面，多数人的神经系统会受不住对新结识朋友的心理调节的经常重复，尽管一定数量的重复是如此地使人精神振作和必要。因此，在现代大城市里，既能看到人们半有意识地竭力维持他们的祖先在丛林里流行的那种隐私和交往之间的比例，也能看到完全忽视这方面人性主要因素的提议或试验层出不穷。政治乌托邦作者们的习惯性唯理智论使他们不理解为什么人们不能在大大扩充了的家庭生活中获得快乐和实惠。作者本人在他想象力最丰富、最得意的时候恐怕根本没有认识到隐私的必要。他的感情正处于膨胀状态，可以实事求是地回溯到人类始祖尖声叫喊的集会的感情气氛；而只要这种状况延续下去，他就准备把整个世界拉进他的胸怀。他所不了解的是，无论是他，还是任何其他人，都不能使自己永远处于这个水平。在威廉·莫里斯的《乌有乡消息》中，家庭生活的习俗扩大到街上，而疲累的学生从大英博物馆出来，还一个劲儿地同口渴得要命的清洁工亲切谈话。记得我读过一个早期的基督教社会党人在1850年左右写的一篇文章。他说他刚乘一辆公共马车沿牛津街而下，他注意到，当马车经过一段前不久用碎石铺砌的路时，所有的乘客都转过身互相攀谈。他说："将来有一天，整条牛津街都会铺上碎石，到那时，由于人们能够听见彼此的声音，公共马车将变成一个充满乐趣的非正式俱乐部。"现在，几乎整个伦敦城的街道都已用木头铺砌，人们坐在马车上的椅子里能相互听见窃窃私语声，但是，除非发生严重的意外事件，没有一位乘客愿跟他旁座的人说话。

伦敦设立了许多俱乐部，主要不是因为公共客厅和餐厅收费低廉，服务周到，而是因为能使人们在无拘束的社交气氛下与他人欢聚一堂。在萨克雷的《势利者面谱》和萨克雷描写俱乐部吵架的小说里，可以看到这种设计所产生的纠纷。今天，俱乐部之所以获得成功，恰恰是因为几乎每个俱乐部都有一条不成文法：任何会员不得同他不相识的人交谈。傅立叶、罗伯特·欧文等人的无数次共产主义试验之所以失败，主要都是因为缺少隐私。共处使人相互感到厌烦。在亚里士多德从经验观点批判柏拉图的共产主义的《政治学》那些杂乱的篇幅里，突出一个同样的论点："过集体生活诚非易事"；共产主义殖民者总是"就一些最琐碎的事争执不休"；"我们常常同那些与我们日常接触的奴隶合不来"。[①]

1700 至 1850 年的慈善学校是不仅不给财产本能而且不给独特的隐私本能以活动余地的实验的结果，这种学校的一部分灾难性的神经和心理影响必须归因于此。当代的公立寄宿学校的学生通过一些古怪的、往往残忍的社会习俗获得了一点点隐私，自从那时以来，借助"书房"和"宿舍"体系已有较大收获。不过，经验似乎表明，在童年时期，家、教室和运动场交替变换的走读学校，要比寄宿学校更符合正常的人性。

这种对隐私的本能需要是又一个值得进行专门详尽研究的课题。这种需要在不同人种之间有很大差异，北欧人的隐私欲大大强于南欧人，原因可能是一年很多时候或较少时候必须过户内生活的人种已经在生理上各自适应了不同的标准。同样明显的是，最容易疲劳的乃是我们的情绪性质，而不是谈话的心智器官或肌肉器官。轻松的交谈，哪怕在陌生人之间，交谈双方都不"忘形"，要比动感情的亲热省力得多。一个担任狄德罗的喜剧《似非而是》的 B 角并切身感受他的角色的演员因神经过度紧张而垮掉的可能性，要比一个仅仅装模作样，并保持自己感情生活的演员大得多。

然而，在民主政治中，隐私是最被忽视、最难也是最必要的。

① 《政治学》第 2 卷，第 5 章。

在美国，所有的观察家一致承认下列现象所产生的危险：政治家被看作人民意愿的抽象化身，所有的人对他都有同样的、不可剥夺的接近权利，每个人都应从他那里获得同样亲切和真挚的欢迎。在英国，就议员与其选民之间的关系而言，我们的比较贵族化的传统多少保持了更加符合人的真实天性的习俗。一个疲惫的英国政治家在盛大的招待会上仍旧可以把他的时间用来在房间远处的一个角落里同少数几位朋友开开玩笑，而不必同数不清的陌生客人频频握手，交换热情洋溢的客套。但是这种隐私的传统正因为同贵族惯例的关系，大有在英国民主中被废除之虞。一个年轻的工人政治家必须生活在比美国更抛头露面的环境里。说不定，刚刚离开工作台，神经和身体还没有适应脑力劳动的艰难要求，就必须白天黑夜每时每刻以同样的真心诚意接见每一位来访者，并随时准备分享或激发他的追随者的热情。一二年以后，如果此人的神经系统比较脆弱，这个任务就不可能完成。神经衰弱的征兆最初被他和他的朋友们看作他的真诚的证据。他开始害牧师病，患者眼睛发亮，神经过敏，成天价向一连串深表同情的听众谈他自己工作过劳，逐渐发展为真正健康不良，尽管他实际上一天做不了一小时的力气活。我认识一个处于这种状态的年轻的鼓动者，他认为除非那位对他钦佩得五体投地的矿工(他就住在这位矿工的小屋里)在他开始宣传演说前用小风琴演奏马赛曲，他就无法演说。这种人常常酗酒。无论如何，他就像那些试图过同样生活的伦敦东端贫民区的牧师一样，容易陷于最可怜而又可笑的神经崩溃。

不过，这种人由于不适宜过没有隐私的生活，是活不长的。更大的政治危险可能来自那些比较适宜过这种生活的人。谁要是去过美国，曾经在费城一所法院审理一宗政治案件时站在人堆里，或者看到过与坦慕尼协会[①]有关的竞选的无数张漫画，就会至少对一种可以活下去的人有所了解。这种人体格强壮，粗下颚，阔嘴巴，能说会道，有过多年在酒吧里混日子的经验，懂得"好货贱卖"的方法。但是即使这些人一般也看上去喜欢喝酒，好像不会长寿。

另外还有几种比较不那么可怕的没有隐私生活的政治家：日以继夜地重复他个人的戏剧性成功，并且像演员般把阵阵发作的厌倦藏在内心的演说家；以一星期参加四次可以吸烟的音乐会为乐事的忙忙碌碌、喋喋不休的组织者。但是，这些人如果被迫退出公共生活六个月，用自己的双手和头脑做些事情，或哪怕独个儿待在家里动点脑筋，那无论对他们的健康还是工作能力都是大有好处的。

这些事实，就它们代表政治社会里某些生活条件所产生的神经错乱而言，又是与一门迄今尚未获得详尽研究的特殊心理学——所谓的"群众心理学"，已故的 M. 塔德、M. 利博等人曾对此有所论述——密切相关的。就人类而言，正如其他许多群居动物和半群居动物一样，一些较简单的冲动——尤其是恐惧和发怒等冲动——当它们为许多身体紧靠在一起的人共同有意识地占有时，可能大大地强化，从而引起强烈的神经错乱。这个事实，和笑的存在一样，也许本来是神经反应机制的一个意外的和不愉快的结果，它之所以存在，是因为当认识到一个共同的危险（例如森林

① 坦慕尼协会：美国纽约市民主党组织。——译者

大火或猛兽袭击)时,四下逃散是多数人脱险的最好机会,尽管这对于群体中体质差的成员可能是致命的。

我个人对英国政治进行的观察表明:在一个现代民族国家里,这种因神经兴奋与身体接触相结合而引起的惊慌没有什么重大意义。二十世纪的伦敦和十八世纪的巴黎截然不同,和十四世纪的佛罗伦萨也大不相同,就因为要让相当多的市民在可能产生特殊"群众心理"的环境下集合起来,是极其困难的。我曾亲眼目睹二十万人集合在海德公园参加工党举行的一次示威活动。散布在各处的讲台、新鲜的空气、空旷的草地,这种环境似乎不宜于产生纯粹本能的兴奋,而伦敦这样一次集会的气氛是温和淡漠的。在一条狭窄街道里的人群比较可能"失控",而几千人在一个大厅里受到刺激,在一个老练的演说家的操纵下,会达到近似真正病态兴奋的状况。但是,当他们步出大厅,进入凉爽的、一望无垠的伦敦,他们的心情顿时就会改变。占领巴士底狱的暴民在曼彻斯特的一条商业街上不会显得像一支势不可当的力量。然而,这些事实在不同人种中有很大差别,一个人读法国社会学家的有关著作时感到夸张可能是由于他们的观察是在拉丁人种而不是在北欧人种中作出的。

以上我已经谈了一个现代国家的国内政治所说明的各种冲动。但是,在整个政治冲动心理学中,最重要的部分也许不是与任何一个国家的公民彼此之间的感情效果有关,而是与那些在国际政治中暴露出来的种族感情有关。世界的未来和平主要取决于我们是否对那些其五官和肤色与我们相同的人有一种本能的喜爱,而对那些与我们不同的人有一种本能的憎恨。这一点有待心理学家就各项证据进行认真研究，很难武断。但是，我倾向于认为，那些强烈的和显然简单的种族憎恨和种族喜爱的情况肯定是存在的，它们并非是一种特殊和普遍的本能的例证，而是几种独特的和较弱的本能合在一起，并由习惯和联想加强的结果。我已经论证过，政治感情的本能是由清楚认识其目标所激发的。因此，至少就没有受过教育的人来说，由于认识和他们自己一样的人的存在要比认识和他们自己不一样的人的存在来得容易，喜爱和自己一样的人似乎有一种天然的基础，但是由于人的认识能力是受教育激发的，因此这种喜爱也可能改变。还有，由于绝大多数人（尤其在童年时期）是生活在和他们自己同一个种族的人当中的，任何明显不一样的脸或服装都会引起对不熟悉东西的恐惧本能。不过，一个孩童对一张形状古怪或有色的脸的恐惧只要熟悉了就容易消除，但如果是一种特殊的种族憎恨本能所造成的恐惧就不大容易消除。据说，白人儿童或中国儿童对中国人或白人或印度人或黑人保姆和用人从来不久久地表示嫌恶。再有，性爱即使被社会传统反对，仍在非常不同的人种中自由发生，差别很大的人种从而混合起来。在某些动物（例如马和骆驼）之间，本能的相互憎恨（有别于恐惧）确实似乎是存在的，但是据我所知，在彼此有近亲关系、像人类一样容易杂交的品种中，却是绝对不存在的。

英裔印度官员常常说，一个人刚去印度的时候对土著怀有浓厚的兴趣，过了几年以后，却常常身不由己地屈从于对印度种族的憎恨。他们把这种情况说成是一种特殊的本能。但是我认为，他们关于这种感情的叙述更像我所说对不协调环境的不断重复的心理和情绪调节所产生的神经厌恶。在一个英国官员抵达印度时的年龄，他的大多数感情习惯已经养成，他照例不作系统努力去加以改变。因此，正如新奇的法国烹调或德国卧床在欧洲大陆旅行刚开始时是一个有趣的变化，一二个月以后会成为无可忍受的负担一样，英裔印度人与之正式接触的那些土著的奴性和虚伪，甚至耐心和聪明，过了一二年也会刺激他的神经。当他的社会习惯已经养成以后，在一个长时期内与同他属于同一个人种，但是属于不同社会传统的人不断进行密切接触，也会产生同样的结果。

不过，联想在引起种族喜爱和憎恨方面也许是一个比本能更大的因素。例如，一个美国工人从远东的体型联想到作为一片可怕的乌云笼罩着工业世界各行各业的降低标准工资。五十年前，喜欢《笨拙》杂志的中产阶级读者从同一体型联想到受尽折磨的传教士和特使的故事。在日本海战役以后，他们又从它联想到我们由于自己所处地理位置而最为钦佩的那种英雄主义；而一望便知是亚洲脸型的托戈海军上将的画像在 1859 年本当激起真正的和显然是本能的憎恶，在 1906 年却产生爱慕之情。

但是，在这一点上，我们已接近政治冲动（有别于冲动本身）的实际目标或想象目标，它们必须留待下一章来讨论。

第二章　政治实体

人的冲动、思想和行为都来源于他的天性与他降生在其中的环境之间的关系。上一章从人的天性方面谈了那种关系（就它影响政治而言）。本章将从人的政治环境方面来谈同一种关系。

两者有一个重要的差别：人生来就有的天性被政治家看作是固定不变的，而人降生在其中的环境则在迅速和无限地改变。我们的政治从石器时代的部落组织发展到现代国家显然不应归功于我们的天性的改变，而只能归功于我们的环境的改变。环境这个词既包括周围的事物，又包括我们出生后获得的传统和应急手段。

生物学家把人性本身看作是改变着的，但是对他来说，构成过去政治的几千年或几万年是微不足道的。生物类型在世界历史相当短的时期内也许发生了巨大变化，但是它们必然不是产生于一个生物的“突变”，就是产生于一个比我们人类最近发生的更强烈和更突出的淘汰过程。就埃及古墓里描绘的那些种族目前的后代来说，其身体外貌看不出有什么两样，没有理由认为他们生而有之的心智机能和意向已有较大程度的变化。

在那个时期内，世界不同种族的数字比例确实发生了变化，例如一个种族在战争中显得比另一个种族弱，或者抵抗疾病的能力比另一个种族差，另外也有些种族在被征服后由于通婚而混合起来。但是，如果能够把一个今天降生的婴儿同一个十万年前出生的同一血统的婴儿交换，那么，可以断定，无论古代的母亲，还是现代的母亲，都不会看出任何惊人的差别。石器时代的小孩如果患麻疹，可能会比现代的小孩来得严重，或者在打架和狩猎方面表现出更强烈的本能，或者当他长大后，会比他的同伴更敏锐地意识到"生的意志"和"生的乐趣"。相反，一个移植的二十世纪的孩子会比石器时代的儿童更好地抵抗传染病，当他长大后，可能会有一个非常没有特色和随遇而安的个性。但是两者的差别显然到此为止。本质上，每个人种的类型在整个时期内恐怕始终未变。在遥远未来的政治中，那种旨在通过有意识选种迅速改进人种的优生学可能成为一个决定因素，但是它对现在或过去的政治并没有什么影响。

我们环境中的新因素产生了把我们同我们祖先区别开来的巨大政治变化，这些新因素一部分是新的思想感情习惯，一部分是我们能对之思考和感受的新实体。

本章要谈的就是这些新的政治实体。它们首先必定是通过我们的感觉传达给我们，而在这种情况下几乎完全是通过视觉和听觉。但是，人和其他动物一样，是生活在由无数视觉、听觉、感觉组成的川流不息的印象中的，只有那些他认为对他重要的印象才会打动他，使他产生行为或思想。那么，新的印象又是怎样脱离其余印象并且变得相当重要以致产生政治效果的呢？

任何事物要刺激我们，使我们产生冲动或行为，首先必须是可认识的——必须像我们以前看到过的它自己，或者像我们以前看到过的其他东西。如果世界上所有的事物老是不断地任意改变它们的外貌，如果没有一样事物像任何其他事物，或像它自己，哪怕只一会儿工夫，那么，目前存在的一切生物根本不会有所作为。它们将会像海草一样随波逐流。

新生的鸡雏在鹰的阴影下战栗，因为一只鹰和另一只鹰相似。动物在日出时醒来，因为一次日出和另一次日出相似；动物觅食坚果或青草，因为每一颗坚果和每一棵青草都和其他坚果和青草相似。

但是，认识相似事物本身并不是一个激发行为的有力因素。被认识的事物还必须是重要的，必须以某种方式使我们感到它对我们有重大关系。星星每晚在天空重新出现，但是，据我们所知，动物中只有人由于认识星星而受到行为的刺激。飞蛾不因为认识一只乌龟而受刺激，母牛也不因为认识一个蜘蛛网而受刺激。

有时候，这种重要性是大自然自动向我们指示的。野兽的咆哮、鲜血的呈现、小孩在痛苦时的啼哭，都无需经验或教导，就突出在人的众多感觉之上，就好比对于一只饥饿的狐仔来说，一只兔子在树丛里一动或一闪马上会同风声和花草的色彩区别开来。有时候，一种感觉的重要性得由动物在自己生活中去体会，比方狗认识老鼠的重要性是靠本能，而认识鞭子的重要性（条件是这根鞭子同狗以前看见和感受的鞭子相似）则靠经验和联想。

在政治中，人必须既了解相似事物的重要性，又必须制造相似事物。如果选票是一样天然的东西，如果一个过去从未听到过选票的青年在二十一岁看到选票时肯定有投票的欲望，那么，政治策略将会是件简单得多的事。

因此，原始人中的全部社会和政治组织仪式说明了制造人为的、容易认识的政治相似物的过程。如果一个首领要被承认为首领，他必须像普特洛克勒斯[①]的鬼魂一样“酷肖他本人”。他必须年复一年地住在同一所屋子里，穿同样的衣服，做同样的事情；他的继承人也必须学他的样。如果一桩婚姻或一笔买卖要被承认为契约，必须在惯常的地方以惯常的方式完成。在少数情况下，一样人为地制造并被认识的东西又作用于使人和其他动物能够无需经验而解释感觉的那些生理上继承来的联想，从而产生冲动的效果。一个武士的鲜红油彩和狼皮头饰，或者一个巫医的龙形面具，就像一个现代候选人的微笑一样，直接扣动我们的本能天性。但是，即使在极早期社会里，认识人为政治实体所以能引起冲动，必然应归功于生活中获得的联想。一个儿童如果挨过传令官的棍子，或者看见过他父亲对国王或圣石行礼，就会学会依靠联想对棍子、国王或圣石产生敬畏。

认识往往附属于所认识事物的某些特征(无论是天然发生的还是人为制造的)。这些特征反过来又成为整个事物的象征。低等动物的进化模仿表明，对于某些食肉昆虫来说，恶臭是腐肉的一种相当有说服力的象征，足以诱使它们在花中产卵，而黄蜂的黑、黄两色的条纹如果由苍蝇加以模仿，乃是一种使鸟儿远避的充分象征。[②] 在早期政治社会中，绝大多数认识是受这些象征指引的。你不能使一位新国王(他可能是个小孩)在各方面都像他的前任

① 普特洛克勒斯：荷马史诗《伊利亚特》中的一位英雄，特洛伊战争中为赫克托所杀。——译者

② 参阅威廉·詹姆斯《心理学原理》第2卷第392页：“我们同低等动物的关系的全部历史，乃是我们利用它们单单靠标记判断一切的特征来捕杀它们的历史。”

（他可能是个老人）。但是你可以在他们两人身上刺同样的花纹。甚至可以较容易也较少痛苦地给国王加上一个非他肌肤一部分的象征，例如一根权杖，权杖可予以装饰和放大，直至失去权杖的作用，但肯定是个象征。于是，一个国王由于手里握着权杖，就被承认为国王。这样一根权杖很像一个名字，古代墨西哥恐怕就曾有过以权杖模型代替国王的符号书写体系。

在这一点上，已经很难不把整个过程理智化了。我们自己的"常识"以及十八世纪哲学家的系统化常识同样都能够解释为什么部落人惧怕权杖，说权杖使他想起统治者与被统治者之间的原始社会契约，或者想起经验表明来自于王室赏赐和王室惩罚的快乐和痛苦，因此他由于推理作用，一看见权杖就对国王产生恐惧。

如果激起冲动的象征是实际的语言，要使所获得的感情联想不同整个推理过程混淆起来，就更难了。由于我们称为语言的那些声音和符号的作用之一，是在我们头脑里激起一个蓄意的逻辑思维过程，因此我们容易把它们的其他所有作用都忽视过去。最容易莫过于说明语言的逻辑应用：以抽象思维分解一大堆感觉——例如关于一个王室成员的记忆；选择另外一大堆感觉所共有的一种性质——例如王权；给那种性质加上国王的名称，并用这个名称使我们能够重复抽象思维过程。当我们有意识地试图使用语言来正确地推理时，所有这一切确实都发生，正如我们倘若根本没有逐渐养成使用语言的能力而要想构成色彩、模型和图画的正确概念时所发生的一样。但是，任何一本心理学教科书都会说明，为什么当语言被用来刺激我们采取行动时，如果把这当作实际发生的事情来加以描写是错误的，不是过分就是不足。

确实，“铜管乐器心理学家”在他们的实验室里做了非常了不起的工作，已经发明一种检验重要词语效果的实验，任何人都可一试。他可以找一个朋友用大字在卡片上写一系列常用的政治名词，如国家、政党、原则等等，然后让这位朋友坐在一只记录十分之一秒时间的表前面，翻开卡片，观察那些相继进入他意识的联想。第一批显示的联想会是自动的，而且显然是“不合逻辑”的。如果卡片上的词是“英国”，而做实验的人视觉印象特别丰富，那么，纸上的白和黑的符号马上会产生一个伴有爱戴、忧虑或迷惑等模糊的、半自觉的感情反应的图像。如果做实验的人对听觉印象特别敏感，符号首先会唤起一个鲜明的声像，可能还附带一个类似的感情反应。我是一个视觉印象特别丰富的人，我的图像就是一个模糊的三角形。其他视觉印象特别丰富的人向我描述了“英国”这个词所自动引起的一面红旗，或一片绿色的田野（从火车厢里所见）的图像。自发的图像或声像及其完全自发的感情附带物之后，就出现词的“意义”，一个人所了解的英国的情况，这些情况首先通过一个半自动的过程呈现在记忆里，但需要作很大努力不让它消失。关于每个阶段会出现什么意象和感觉的问题，当然是由我们过去生活的全部思想和经历决定的，但是它们（至少在实验的早些时候）在我们还来不及有意识地反省或选择之前就已经出现了。

除语言外，其他象征也能建立一个相应的过程。如果实验中不用写上字的卡片，而改用几顶家庭成员们的帽子，这个过程的其余部分仍照常进行——自动的“意象”伴随自动的感情联想之后，紧接着在一瞬间就自发地认识“意义”，最后再有意识地进行回忆和思考。坦尼生（部分因为他天生是位诗人，部分也许是因为他吸烟过度使得他偶尔头脑混乱）所描写的各种心理状态（对多数人来说，这些心理状态都被记忆融合在一起）是极其精确的。例如，《公主》这首诗中有一段描绘了我正在论述的相继顺序：

你的声音在鼓声中清晰可闻，
战鼓声在他站立处隆隆擂起。
你的脸在他的想象中闪现，
将战斗交付在他手里。
当号角吹响的瞬间，
他看到他的孩子们在你膝前，
下一瞬间他像烈火般扑向敌人，
为了你和你的将他杀死。

我认为，末句"你和你的"似乎精确地表达了从"声音"和"脸"的自发意象到反省心情的转变，他为之战斗的全部意义都在其中体现出来了。

但是，"将战斗交付在他手里"的是"脸"。在这一点上，当我们将各种冲动本身作比较时可以看出，进化史上较早、较自发的因素具有更大的冲动力，而较晚的理智因素的冲动力则比较小。即使当你坐在椅中也能感到是这么一回事。

如果考虑到宗教现象，这种感受就更清楚了。唯一的一种由心理学家有意识地创立的有点重要性的宗教，是奥古斯特·孔德的实证主义。为了产生一种相当有力的刺激以便在日常生活种种邪念和诱惑中确保道德行为，孔德叫他的信徒们各自制造一个关于"人"的视觉形象。信徒每天早晨一个固定时候必须在心中默忆他所知所爱的一个妇女——他的母亲、妻子或姐妹——的身形。

身形必须总是处于同一姿态，穿同一服装，因此一联系到“人”这个词，它就必须总是作为一个固定心像自动呈现出来。[①] 与此自动联系的还有对想象中的人的原来的情感冲动。在这以后，就尽快地出现词的意义，以及与该意义相关的比较充分然而说服力较差的感情联想。这个发明部分地因袭了罗马天主教的某些戒律，部分是出于孔德所亲身感受的德沃克斯夫人的形象对他的影响。之所以未被更广泛地应用，其原因之一可能是一般人不像孔德自以为是的那样想象丰富。

纽曼红衣主教在其《辩解书》富有启发性的一节中，解释他如何为自己制造拟人化国家的形象，并暗示说，他之所以相信这些形象实际存在着，是因为感到制造这些形象有其方便之处。他说他把“国家”以及使他吃了不少苦头的“宗教团体政府”的特征和天性与“部分地堕落、任性、反复无常；高尚或奸诈、仁慈或歹毒（视情况而定）的人物等同起来……我喜欢‘具体’胜于‘抽象’使我理所当然抱有这种见解。我认为它受《但以理书》中提到的波斯王的支持；我认为《启示录》介绍‘七个教会的天使’时说的就是这种中间人”。[②]

“1837 年……我说过……英国有许多崇高的美德，然而天主教的信条却很差。在我看来，约翰牛这个人物既不属于天堂，也不属于地狱。”

同样地，哈内克在说明基督教扩张的原因时，强调“教会”这个

① 《实证宗教教义问答集》第 1 部“崇拜的解释”第 65 页：“实证主义者在做私人祷告时闭上眼睛，以便更好地看清内在形象。”

② 纽曼：《辩解书》(1864 年)第 91、92 页。

词的使用以及“这个词所提供的拟人化可能性”。[①] 这种使用可能起源于某位基督教哲学家对全体基督教会众的共同特征所作的抽象理智努力，虽然更可能来源于使用一个流行名词时的半自觉适应过程。但是，一个词既经确定，它对多数人的巨大力量就在于拟人化所自动激发的感情，而不在于将词义充分辨析后所产生的那些感情。宗教史提供了无数这样的例证。“一个故事包含的真理”要比不包含在故事中的真理具有更大的感情力量，而从视觉上认识故事的主要人物比故事本身具有更大的力量。一个使“一切人都弯腰”的神圣名字的声像，或甚至形之于心但未出之于口，在感情最强烈时，其力量要比真正了解它的意义大得多。感觉到的东西——可以品尝的圣餐、可以观看和触摸的贞女凯维拉，要比他们在天上的原型更加真实。

如果我们从政治中寻找同样的例证，就能再次发现，在政治中要抵制对感情经历作理智解释的习惯，要比在宗教、道德或教育中不知难多少。对于绝大多数人来说，主要的政治实体是他们的祖国。当一个人为国捐躯时，他是为什么东西捐躯呢？坐在椅中的读者想到地图册上某个地区的面积和气候、历史和人口，然后按照爱国者与所有这一切东西的关系来解释他的行为。但是在战斗紧急关头所发生的并非是从逻辑上确定或分析一个人的祖国概念，而是头脑自动选择一样感觉上的东西，这样东西伴有我已经叙述过的同样自发的爱慕感情。应征入伍者毕生生活在一连串感觉之中：所读到的地理书，所看到的街道、田野和面孔，所听到的人声、

① 哈内克：《基督教的扩张》第 2 卷第 11 页。

鸟声或流水声，凡此一切构成他可以从中得出祖国概念的无穷事物。在最后的冲锋中他想到了什么呢？也许是故乡的一排大榆树，更可能是祖国的某种化身，某种能使一样为人喜爱的实物从众多经历中脱颖而出的习惯或想象。如果他是个意大利人，这可能是意大利的名字、音节。如果他是个法国人，这可能是他在故乡市场上看到的佩着一把断剑的法国大理石像，或者马赛曲那令人发狂的节奏。罗马人为饰有花环的权杖上的铜鹰献身，英国人为司令旗献身，苏格兰人为风笛声献身。

一个人可能千年一遇地在战斗结束后站在参加葬礼的人群里，聆听伯里克利①从古往今来雅典人的无数品质中归纳出那些使雅典为世界所推崇的品质而怦然心动。但是过后他所能记住的恐怕只有伯里克利的抑扬顿挫的声音、他的手势，或者一位阵亡战士的母亲的啜泣。

在政治演变中，最重大的事件之一是接连创造了许多新的道德实体，如正义、自由和权利等理想。就它们的起源来说，那种我们总想把它当做一切心智现象的解释的自觉逻辑抽象过程在很大程度上必然符合历史事实。例如，我们有关于苏格拉底在其中把陪审员和政治家的一些勉强的回答予以比较分析的对话的当代记述，知道“正义”这个字眼被他变成了一个灵到极点的政治名词。在苏格拉底之前许多世纪，同一个词被普遍采用的缓慢过程屡屡被某位已被遗忘的智者加快，力求使其受到过度的自觉思维的影响，这也是肯定无疑的。但是，每个阶段工作一完成，正义女神就

① 伯里克利：古雅典政治家，以辩才著称。——译者

像一尊历代艺术家不断对之精工雕琢的石雕像，以逼人的美傲视一切，她不是被视为一样抽象事物，而是看作一个直接的启示。这种启示确实使一些较老的象征黯然失色，但是凌驾它们之上的似乎是一样真实和肉眼能见的东西，而不是一个艰难的比较分析过程。戏中安提戈涅[①]以正义女神的名义蔑视手执权杖的国王通过传令官发布的命令。但是对她来说，正义女神是个绝世美女，"下界众神的同住者"——那些为安提戈涅鼓掌欢呼的雅典公民的后裔把苏格拉底骂得要死，因为他的辩证法使神又变成了抽象概念。

伟大的犹太先知的精神优势多半应归功于他们能够以强大的感情力量提出一种道德观念而不使它僵化为一个典型；但那是因为他们总是按照它与一切神中最人格化的东西的关系来看待它。阿摩司[②]写道："我厌恶你们的节期，也不喜悦你们的严肃令……要使你们歌唱的声音远离我，因为我不听你们弹琴的响声。惟愿公平如大水滚滚，公义如江河滔滔。"[③]"公平"和"公义"不是女神，但是阿摩司听见的声音并非是一个抽象的声音。

有时候，一个新的道德或政治实体之产生，与其说是通过缓慢的冥思苦想，不如说是通过洞见。某些天才的先知一眼就能看出至今在人的头脑中分立的东西的基本相似处——使人对自己弟兄发怒的冲动之与使人行凶的冲动、寡妇的一文钱施舍之与富人的

① 安提戈涅：希腊神话中底比斯王的女儿，因违抗新王命令被拘禁在墓穴里，后自缢身亡。——译者

② 阿摩司：公元前八世纪的希伯来先知，是《旧约》中十二个小先知中的第三个。——译者

③ 见《旧约》阿摩司书第五章。——译者

大量黄金施舍、荡子的放纵之与政党领袖的放纵。但是，一旦主人死了，洞见也往往随他一同死去。柏拉图的“理念”成了一个魔术体系的公式，而耶稣关于一个人应该把他的所有一切送给穷人的训令却使欧洲三分之一的土地变为富有的基督教牧师的免税财产。

上述词和事物之间的关系是政治思维的主要困难。词非常硬性，非常容易人格化，同感情和偏见有莫大关系；词所代表的事物非常不稳定。正如一个希腊人所说，道学家或教师多半同“天然”的东西打交道，政治家总是同“因袭”的东西打交道。如果你忘记母性或儿童期的涵义，大自然已为我们制造出明白无误的母亲和儿童，他们每一代都一成不变地重复出现。化学家只要在实验室做几分钟工作，就能确定他用的一个词的意义是否和他的前任所用的完全相同。但是，在政治中，被命名的事物总是在不断变化，可能消失，也可能需要几百年才能恢复原样。亚里士多德给“国家”这个词下的定义是：“公民在那里按照普遍福利集体进行统治”的城邦。在他写作之际，他从中汲取这个概念的那些城邦的自治已在马其顿的暴力下趋于衰亡。很快就不再有这种城邦的存在，现在我们提到亚里士多德的概念时，他所解释的名词是由敖德萨的“警察”提供的。“Justices' Justice”①成为一个反论并非是语言学上的偶然。打从罗马法理学家恢复了希腊哲学家的工作，并通过烦琐的问答建立起“自然正义”概念那时起，这个概念和其他所

① Justices' Justice：意译为治安官式的裁判，用来讽刺英国某些地方行政官判决不当，尤指轻罪重判。——译者

有政治概念一样，遭受到两个危险。一方面，由于原来的抽象思维是无法全面完整地表达的，每一代使用这个概念的人都巧妙地改变它的用法。另一方面，这个概念是从人类的制度和行为得出的，而人类的制度和行为同样也在发生微妙的变化。虽然罗马法学家们的原稿保存了下来，罗马法和罗马体制却已荡然无存。当一个墨洛温国王或者一位西班牙宗教法庭法官引用查士丁尼[①]的名言时，不仅词的意义变了，就连原来意义上的词所能应用的事实也不存在了。但是，这些赤裸裸的词的感情力量却依然存在。中世纪的罗马法和教会法所以能够推行一切弊端，是因为传统上仍旧一听到“罗马”这个词就肃然起敬。在几百年时间里，一位德国王公比其他王公权势更大，就因为他是“罗马皇帝”，大名叫“恺撒”。

政治家在制造一个新的政体时会遇到和那些影响一个已有政体的历史相同的困难和不确定性。在整个十九世纪，斯坦因、俾斯麦、加富尔或梅特涅等伟大人物致力于重建被拿破仑的征服所破坏的欧洲，他们必须建立为人民尊敬和热爱的新国家，人民必须愿意服从这些国家的政府，而且必须随时准备好为政府的继续存在战死。种族、语言和宗教在全中欧是混合的，对于地图所划分的王国、公国和主教辖区的历史记忆是混乱和缺乏刺激的。制造和分配新的国旗、钱币和国名是再容易不过了。但是这类东西的感情效果取决于联想，而联想需要时间来产生，而且可能必须同已经存在的联想作斗争。伦巴第或加利西亚的一个男孩目睹士兵和教师们向奥地利国旗敬礼，但是真正心情激动是在听见他父亲或母亲

① 查士丁尼(483—565)：拜占庭帝国皇帝。——译者

小声念意大利或波兰的名字的当儿。也许，就像在汉诺威王朝的情况下，老的联想和新的联想在许多年内几乎平分秋色。

在这种时候，人们从国名的直接感情联想退却，并寻求它的意义。他们问，奥地利帝国或德意志帝国是什么？只要天底下只有一位教皇，人们就不假思索地把他的多年来的威望一代一代往下传。如果四十年间有两位教皇，一位在罗马，另一位在阿维尼翁，人们就开始查问教皇的本质是什么。在这种时候，有些人甚至更进一步。他们不仅会问奥地利帝国或教皇这个词是什么意思，而且还会问奥地利帝国或教皇制度到底为什么必须存在。

因此，建立国家的工作必须在各个方面展开。国名、国旗、国歌和货币都有以习惯联想为基础、完全不从逻辑得出的效果。与此同时，政治家力图为这些象征创造尽可能多的意义。如果一个国家的全体人民都在同一支军队服役，讲或者懂同一种语言，或甚至使用其他地方已经不用的黑体字字母，国名对于他们就有更大的意义。撒克逊人或萨伏依人当提出“我是一个德国人或法国人是什么意思”这个问题时，会作出更充分的回答。一场共同进行的获得胜利的战争不但会创造一段共同的历史，还会创造一笔具有强烈感情的共同遗产。与此同时，“民族主义者”可能会力图用歌曲、图画和过去的业绩来恢复和加强与较老的国土相关的感情联想——而在所有这一切后面，会就国家是大好还是小好，是以种族划分好还是地区划分好，进行认真的哲学性讨论，讨论结果政治家从第二手获悉，公民从第三手获悉。结果，意大利、比利时和德意志帝国成功地建立了具有充分爱国主义基础的国家，而奥匈帝国在紧急关头则可能归于失败。

但是，如果十九世纪欧洲建立国家的任务是困难的，那么，二十世纪的英国政治家建立帝国爱国主义的任务就更困难了。对于联合王国本身，我们甚至没有一个有任何感情联想的名字，没有一个英格兰人被“不列颠”这个名字激动，“英格兰”这个名字激怒所有的苏格兰人，而爱尔兰人则同样讨厌这两个名字。我们的国歌是十八世纪的歌剧脚本和歌剧音乐的样本，平淡无奇，毫不动人。金币上的裸体小圣乔治或银币上的纹章从未激发过任何人的灵感。新的铜币确实有希克斯·比奇小姐的优美体态，但是太小，太媚，一点没有法国或瑞士的壮丽头像的感情力量。

奥尔德姆或米德尔斯伯勒的工匠所能认识的他的国家的唯一化身，是约翰牛的肖像：肥胖、粗野、十九世纪初米德兰平原的农夫。只有一个国家象征——国旗上象征联合的部分——尽管像条百衲被那样缺少美感，还算差强人意。不过至今它的全部联想都是海战方面的。

如果走出联合王国，那情形就更糟。“大不列颠及爱尔兰联合王国及其殖民地和属国”这个名字太长，也不吸引人。在1907年的殖民地会议上，政治家和社论作者们曾想出种种转弯抹角的说法以避免伤害任何人的感情，甚至用了“不列颠帝国”这个词。对于《悉尼公报》以及欧洲的漫画家来说，世界地图上任何套印红色的领土依然只使人想起“约翰牛”那贪婪的小眼睛、大嘴巴和一双大猩猩似的手。

还有，如果一个年轻的布尔人或印度人或前美裔加拿大人问自己，帝国成员（“公民”这个词用于帝国六分之五居民会发生误解）是什么意思，他觉得很难说出个究竟。如果他更深入一步，问帝国存在是为了什么目的，人们可能会告诉他说，大不列颠的居民在恍恍惚惚的情况下征服了半个世界，可还没有功夫对为什么这样做想出一个事后的正当理由。唯一的一个能激起他的爱国主义感情的记忆或反思的产物是下述声明：迄今为止，帝国的传统是鼓励和信仰政治自由。但是即使最崇高形式的政治自由，其性质也是消极的，政治自由这个词在孟加拉、罗得西亚和澳大利亚往往有不同的涵义。

然而，国家只是许多种政治实体中的一种。一大群人在一个共同的政治名字下集合起来后，那个名字就可能既有理智上可以剖析的意义，又有感情上的联想。例如，为了地方行政的便利，伯明翰郊区被分成许多独立的市。由于这些市处于古村庄的位置，由于苏格兰职业足球队以它们命名，也由于人类的感情必须有所寄托，因此据说它们正在发扬一种强烈的地方爱国主义，西布劳威奇市憎恨阿斯顿市，就像拜占庭戏里蓝党憎恨绿党一样。在伦敦，主要在伯明翰榜样的影响下，1899 年新建了二十九个市，其名字——至少是威斯敏斯特市——都经过精心选择，以便复活一些已被淡忘的感情联想。不过，尽管切斯特顿先生在小说《诺丁山的拿破仑》中作了预言，很少伦敦人学会以各市市民的身份来感受或思考。建造的市政厅他们从未见过，设计的纹章他们不愿承认；他们的市只不过是些选区，他们在那里照一张名单投票选举，名单上的名字都是他们不认识的，组合在他们的政党所制定的总标题之下。

事实上，政党是现代民族国家中最有效的政治实体。政党是随着代议政体大规模出现而问世的，它的发展未受法律或宪法传统妨碍，象征着使政治体制适应于人性实际情况的最巨大努力。一个现代国家可能有一千万或更多选民。每一个选民都同样有权利当候选人，并以候选人或鼓动者身份抒发对任何政治问题的独特见解。但是，对于每一个生活在无穷事物中的公民来说，他的一千万同胞中只有少数几个能够作为政治思想或政治感情的独立对象而存在，哪怕这少数几个中的每一个对一个问题都只有一个终身不变的看法。需要有一样更简单和更永久性的东西，这样东西要能够被爱和被信任，而且能够在连续进行的选举中被认出是以前爱过和信任过的同一样东西：而政党正就是这样东西。

任何一个政党的起源都可能是由于一个慎重的思考过程。它之成立，如柏克所说，可能是由于"一群人联合起来。按照他们一致同意的某一独特原则，共同努力促进国家利益"。[①] 但是，一个政党一旦成立，它的命运就取决于人性的各种因素，慎重思考只是其中之一。政党主要是个名字，和其他名字一样，一听见或一看见就滋生出一个"意象"，这个意象不知不觉地逐渐转变为自动理解它的意义。和在其他情况下一样，名字及其自动的心智联想能引起感情反应。政党领导人的任务就是使这些自动的联想尽可能清楚，被尽可能多的人占有，并引起尽可能多强烈的感情。要达到这个目的，最有用的莫过于政党的彩色标志。我们的老祖宗在识别语言以前就一定已经能识别色彩了，而简单和较强烈的感情附丽于一种色彩比附着于一个词更容易。那个枕头上放着"谢菲尔德星期三足球俱乐部"彩带的死去的可怜男孩以直率和真挚的感情

① 《对当前不满情绪的思考》(麦克米伦出版社 1902 年版)第 81 页。

爱着那种色彩。

政党乐曲的作用同样是自动的，对于有音乐“耳朵”的人来说，作为一种感情对象甚至比政党的彩色标志更灵。马赛曲如今是法国的国歌，它作为革命时期党的乐曲，影响至巨。即使现在，它在法国以外的地方也是一笔非常宝贵的政党财富。格莱斯顿首相去世时，一个老资格的政治组织者曾在《威斯特敏斯特公报》上提出一个聪明的建议，主张把为纪念死者而募捐来的钱拿出一部分充作最优秀的进行曲的酬金，这支进行曲将永远与自由党等同起来。组织张伯伦先生的关税改革运动的极能干的人犯了少数错误，其中之一就是没有创作一支哪怕勉强过得去的乐曲。

自发性仅次于彩色标志或乐曲的，是用作党的名称的一个或几个字的最初和最简单的意义所引起的感情联想。一个希腊父亲管他的小宝贝叫“无上光荣”或“好参谋”，政党的创立者以同样方式选择其原义能引起固定感情联想的名字。不过，一个政党从开始存在和活动起就不断创造新的联想来代替名字的原来涵义。美国任何一个人使用共和党或民主党这些字眼时决不会想到它们的词典上的意义。确实，谁要是这样做，就会养成一种心理习惯，犹如读希腊历史而老是辨别像阿里斯托布洛斯①和忒俄克里托斯②这类名字的词典意义的习惯一样讨厌而无用。因此，体现政党政策的长而确切的名字，很快就缩短为具有从党的实际历史得出的新的联想的无意义的音节。俄国的立宪民主党人变成了 Cadets，独立工党变成了

① 阿里斯托布洛斯：公元前四世纪末希腊历史家。——译者

② 忒俄克里托斯（前 325—前 267）：古希腊诗人。——译者

I. L. P. 。另一方面,不太确切的政党名字自动引起的自觉性较差的感情联想可以保持得长久得多。德国国家自由党人在整整一个世代内是俾斯麦的宝贵助手,因为他们的名字隐隐使人联想到爱国主义和自由的结合。几年前,当德兰士瓦的矿山主们决定成立一个政党时,他们也许经过慎重讨论后,选中了“进步党”这个名字。这个选择真是妙不可言。在南非,“进步”这个词的原来的联想显然很快就消失了,但是,在其他地方,它久久地使人联想到:珀西·菲茨帕特里克爵士及其政党具有和默金农·伍德先生及其在伦敦郡议会的追随者一样的民主同情心。任何人向一批其批评和推理机能已被充分开动的听众讲话时决不会说,由于某些人自称“进步党人”,所以投票反对他们就必然是投票反对进步。但是,在感情联想朦胧模糊的区域里,如果一个好的名字引起的联想是相当下意识的,那么,这个名字就有真正的政治价值。

相反,政党的反对者们力图给它加上一个会引起反感的名字。辉格党和托利党这两个老的名称是反对派取的这类名字的突出例子,也许持续了半个世纪才失去原有的辱骂性联想。现代取的一些名字因为含义比较贴切,就不那么成功了。“侵略主义者”(JINGO)倒有过一个骂人名字的某些暗示作用,但是“分离主义者”、“小英格兰人”、“食物收税人”这些说法,还是必须有意识地接受或不接受。

政党和政治冲动之间的整个关系也许用广告艺术来解释最为适宜。在广告中,理智过程可以撇开其道德含义予以注意,而广告手法和政党手法在方法上越来越相似了。政治宣传画同商品或戏院广告并排张贴在一起,由同一位画家执笔,遵照同一经验主义的艺术规律。因此，我们姑且设想：一个资本家认为茶叶行业有开展一场大规模广告攻势的好机会。世界上的茶叶就和人类的政治见解一样，品种繁多且变幻莫测。每一个茶园中的每一片茶叶都和另一片茶叶不同，而一个星期的潮湿天气就可能改变任何仓库中的全部存货。因此，广告者应如何创造一种商业上的“实体”，一种人们能思索能感知的“茶叶”呢？若是一百年前，他会针对他的贸易机会和经营方法发表许多乐观而详尽的声明。他会在报上刊登一则启事，说是“威廉·琼斯在一群有经验采购员协助下，将参加东印度公司之茶叶拍卖，将最佳中国茶园生产之茶叶分装小包，以不高于百分之五利润零卖给主顾”。不过，这种做法是公开诉诸批判性的理智，如今要根据批判性的理智予以评价。我们不可认为琼斯先生是他的货色的优良品质的公正见证，也不可认为他有充分动机即使可以赚更多钱也仍旧恪守关于百分之五利润率的诺言。

因此，今天这样一位广告者会利用我们的自发的和下意识的联想来达到目的。他会想出一个名字，比方“帕拉马塔[①]茶叶”，这个名字会在绝大多数人心中产生一种关于东方热带国家的模糊联想，还有一节关于澳大利亚的地理课的下意识记忆。然后他会结合这个名字制造一种自发的图画形象，这个形象具有它自己所有的以前的感想联想。等到十万英镑广告费已经巧妙地用掉时，英国任何人看到一个包上的“帕拉马塔”字样时都难免会有一种想购买的模糊冲动，这种冲动奠基于对他祖母的回忆，或者对英国舰队的回忆，或者对一位美丽的英国少妇的回忆，或者对任何一种由于

---

① 帕拉马塔是澳大利亚地名。——译者

能引起信任或爱戴的联想而被广告者选中的主体的回忆。当音乐在英国公共教育中发挥更大作用时，可能有效地利用音乐来做广告，那时“帕拉马塔主题”将会在所有哑剧中出现，同一支比方关于《战士凯旋》的歌挂钩，而且将在所有的食品店里用留声机哇啦哇啦地播送。

这个例子对澄清思想有莫大好处，因为至今没有这种“帕拉马塔茶叶”存在，甚至哪种茶叶将用这个名字供应的问题也没有解决。帕拉马塔茶叶依旧十足是个商业实体。以后可能决定把质量极差的茶叶以很高的利润出售，直至名字最初引起的联想逐渐被失望的联想代替。或者也可以决定用这个名字在不同地方卖不同的茶叶，并大力推销那种“风行”的香味。但是广告牌上另外还有许多动听的茶叶的名字，能引起婴儿、哈巴狗和伦敦塔等等联想。如果想发展一项永久性的买卖同这些茶叶竞争，最聪明的恐怕是供应一种质量相当划一、具有可以作为它的“内涵”的独特香味的茶叶。最大的困难是公众的口味变了，这种香味不再受人喜爱而销路一落千丈。董事们可能认为最稳妥的办法是继续把老的香味的茶叶销售给人数日益减少的主顾，也可能逐渐用另一种香味代替，甘冒风险，让那些说“这不是真正的帕拉马塔茶叶”的家庭主妇的人数被那些说“帕拉马塔茶叶质量提高了”的家庭主妇的人数抵消。如果人们根本不愿购买老的香味的茶叶，而宁可购买换了一个新的名字、具有新的香味的茶叶，帕拉马塔茶叶公司就必须乖乖地退出市场，就跟一个企图以旧瓶装新酒的宗教归于失败一样。

所有这一切情况对于政治家就像对于广告者一样熟悉。政党候选人初次露面时，在大多数选民眼里只不过是一个贴有自由党或保守党名字的包。那个名字会引起色彩和音乐的联想，也会引起传统习惯和感情的联想，这些联想一旦形成，就独立于政党的政策而存在。除非他佩戴政党的标志——除非他像美国人所说是一个“正规”候选人——否则的话，不仅那些习惯和感情会同他隔绝，而且他还会感到，要在选民面前作为一个有形的实体出现是万分困难。一部分选民——其人数在不同时候和不同地点有很大差异——会投票选举他们党的“正规”候选人而不问其纲领如何，然而对于其余的选民，这位候选人必须同时提出一个能够代表党的政策的纲领，这个纲领对于提名委员会更是永远必不可少。但是，无论如何，只要他是一个政党候选人，他必须记住他是以候选人资格说话和行事的。选民所以能够和他一样地想，一样地感受，仅仅是因为他们对他的党抱有偏爱和期望。当他上台演说时，他和他的听众之间隔着一张政党的面具，这张面具比他自己的脸大而呆板，就像那个使演员们在希腊巨型露天剧场能够被观众看到和听到的面具一样。如果他不再能够真心实意地扮演这个角色，他就必须要么退出舞台，要么戴上另一个政党的面具登台演出。

政党领袖们还必须永远记住，他们所控制的组织是一个存在于选民的记忆和感情之中，不受他们自己的意见和行为支配的实体。这并不是说政党领袖不能真诚。作为个人，他们的确只能在随时准备失去政治生命的情况下保持政治生命。有时候，他们甚至必须冒他们的党自身垮台的危险。当罗伯特·庇尔[①]爵士于1845年改信自由贸易时，他必须决定他和他的朋友们到底应该通

① 庇尔(1788—1850)：英国首相，托利党领袖。——译者

过脱离托利党而将它一举摧毁呢，还是应该彻底改变托利党的政策，使它变得即使在习惯和联想的下意识推理中也难以认出它就是人们四年前曾对之投票赞成并为之工作的那个实体。无论在哪种情况下，庇尔所做的事都不同于就当时的一个问题表达个人意见，而是要严重得多。然而，如果他认识到这点，为了保全他的党而继续鼓吹谷物税的话，就会失去他本人作为政治家的全部力量，甚至他的党的价值也将丧失无遗。

今天，如果一个神以洞察人类一切事情的力量从天上俯视人间，他可能会像当我执笔为文时许多报纸主笔正在问的那样问：影响如此众多生灵的社会主义究竟是什么？他可能会自己提出一个定义作为回答，这个定义可大致解释如下："一个争取更大社会平等的运动，其力量依靠三大因素：工人阶级日益增强的政治力量，各阶级成员日益增强的社会同情，以及以科学方法日益增强的权威为基础的、社会布局可用有意识的计划予以改变的信念。"他会看到人们正在努力通过种种关于税收、工资和调节管理或集体管理的建议来促进这个运动，有些建议将被证明是成功地适应于人类存在的各种事实，有些建议则因为没有一个国家愿意进行试验，或者因为试验失败而最后只好放弃。但是他同样也会看到，这个从无数社会主义建议和愿望中概括出来的关于一个多方面的、经常改变的运动的定义并不是多数拥护者心目中的"社会主义"的写照。对于一样人们可能喜爱并愿为之工作的东西的需要已为无数工人创造了一种人格化的"社会主义"，一个目光严厉、宝剑出鞘、长着一对翅膀的女神成了世界的希望以及受苦者的救星。对于一样人们能绝对真诚和肯定地使用的思想工具的需要又造就了另外一种社会主义，不是人格化，而是决定性的和命令式的教条。这样一种教条于 1884 年出现在英国，威廉·莫里斯以他漂亮的书法把汉德曼[①]先生的讲话记录了下来。三年后，正是这个意外的发现使一个稍识文墨的工人噙着真正谦恭的眼泪对我说："真奇怪，天下所有聪明的读书人都不懂得这个辉煌的真理，偏偏让我一个人懂得了。"

与此同时，社会主义永远是平常说话和写作中使用的一个词、一个象征。一百年以后，它可能步它的祖先们——平均主义、圣西门主义、共产主义、宪章主义——的后尘，可能只存在于一个后来发生其他变化并改用其他名字的运动的历史之中。另一方面，它也可能像共和政体继续存在于法国一样，成为硬币上和公共建筑物上一个运动的名称，这个运动经过许多失望和幻灭以后，终于胜利地作为一个政府建立起来。

但是，一个词在平常谈话中的使用只是各个人、特别是那些把它当作党的名字接受的人使用的结果。只要运动真正活着，他们当中的每一个人都会发觉，虽然这个词非用不可（因为否则运动在政治上就不存在了），但是它的使用却经常产生许多难题。任何人把一个词在明显不同于一般用法的意义上应用于自己或他人，以致肯定或可能使人感到他是在制造一种虚假印象，当然会被指责缺少真诚性。但是，也有些时候，巨大的实际效果可能取决于扩大使用一个其作用正在缩小的词。研究过宗教史的"现代主义"罗马天主教徒用"天主教"这个词来表示一个经历过各种理智阶段、其生命力依靠将来有合理变化自由的团体。他因而自称是一个天主

① 汉德曼（1842—1921）：英国社会党主席。——译者

教徒。另一方面，对于教皇及其顾问们来说，教会是一个基于不变的启示的不变的奇迹。在他们看来，蒂勒尔神甫[①]（他自命"信"天主教，虽然他分明不信那些构成原始启示的事情真会发生）干脆是个说谎者，为了自己的欺骗目的而盗用他们的名义。他们不理解他，犹如德国社会民主党中的信奉教皇至上主义者不理解伯恩施坦及其现代主义盟友。另一方面，伯恩施坦本人必须作出选择：到底是让社会主义这个词开放使用，还是最后只好放弃，因为他主张使用这个词徒然造成恶感和思想混乱。

有时候，一个有非凡个人力量和表达力的人可以说本身就是一个党，一个政治实体。他可以为自己塑造一个永久性的、可以识别的面具，如"诚实的约翰"或"了不起的老人"。但是这照例只有那些了解自己工作的主要状况的人才能做到。事实是：一个政治家的智力经历要被公众铭记在心，必须要么基于顽固地坚持一成不变的见解，要么基于一个缓慢、简单和一贯的发展过程。多数人对政治的冷漠态度就像一张作用极其缓慢的照相底片。谁要想拍一张清晰逼真的相片，必须以同一姿势在它前面站好些时候，一只鸟从底片前面飞过是不会留下任何痕迹的。

格莱斯顿[②]在1868年写道："有些人的见解被公众奉为圭臬，这些人如果改变见解，对于国家诚为不幸，尽管这种不幸要比他们明知错误而仍坚持己见轻得多。这不一定要受谴责，但是必须多

① 蒂勒尔（1861—1909）：爱尔兰天主教耶稣会教士，现代神学派主要成员，主张用历史和批判的方法研究神学，化名著书抨击教权至上主义，招致教皇利奥十三和庇护十世的反对。——译者

② 格莱斯顿（1809—1898）：英国首相，自由党领袖。——译者

加注意，要予以反对并静观后效。”[①]大多数政治家既避免因公开改变见解而失去势力，也避免因公开坚持一个已私下放弃的见解而失去身份，他们不仅仔细考虑自己结论中的每一个改变，而且除了那些业已成熟可立即付诸行动的问题以外，对其他一切问题迟迟不表态，尽管这往往被看成怯懦和荒唐可笑。所写或所报道的话保留下来，成为除他本人之外政治家总是在建立、破坏或改造的实体的一部分。

同样的情况作用于政党和政治家以外的其他政治实体。如果一张报纸要作为一支政治力量存在下去，就必须给人一种印象，似乎它天天恪守一个始终如一的见解。作者们按照报纸的个性撰稿，这不仅是因为必须遵守编辑部的纪律，而且也是出于被人理解的本能愿望。如果这张报纸被卖给一个持不同意见或希望鼓吹不同意见的业主，它必须要么坦率地宣称自己是一样新东西，要么以缓慢而严肃的争辩步骤使新观点显得是老观点的必然发展。因此，一个资本家为了利用一张报纸的老的影响去加强一个新的运动而买下这张报纸，他所做的事必须按照与判断购买那么多印刷机和纸张的道德标准不同的标准来判断。他可能在破坏一样东西，那样东西对无数生活在一个否则就难以理解的世界里的普通老百姓曾经是一个稳定和可以理解的实体，并曾获得像一个演说家或一位君主曾经激发的那样真实的感情和信任。

① 《拾遗集》，第 7 卷第 100 页，引自《莫利传》，第 1 卷第 211 页。

第三章　政治中的非理性推理

人总是按照对本身利益的明智见解行事的假设，是与我们的政治和经济思维习惯紧密地交织在一起的，这个假设又可以分为两个独立的假设：第一，人总是按照对达到一个预定目的的最佳手段的推理行事的；第二，一切推理都是同一类型，由同一"论证"过程产生的。

在前两章中，我论述了第一个假设，并力图说明，一个政治家必须懂得，人并不总是按照对目的和手段的推理行事的。我申辩说，在政治中，人往往在感情和本能的直接刺激下行事，感情和兴趣可能针对那些与我们借助有意观察分析而发现的周围世界的实际情况大不相同的政治实体。

在这一章中，我要研究第二个假设，并且弄清楚，人的确是对他们的政治行为的结果作出判断的，但是说他们总是用理性推理来作出判断，这种说法究竟正确到什么程度。

要弄清楚这一点，首先碰到的困难是，要对推理下一个明确的定义是很难的。谁要是注意他自己内心的活动，就会发现，各种心理状态之间的明显区别，心理学小册子上讲得似乎明明白白，但真要去追究，却绝不是一件容易的事。人的头脑就像一把竖琴，所有的琴弦都一齐振动；因此，感情、冲动、推理以及称为理性推理的那种特殊的推理，往往都是单独一种心理体验的许多同时发生的、互相混合的方面。

这种情况在行动和兴奋的时刻尤然；但是当我们沉思默想时，常常觉得难以断定，我们的一连串意识状态是称之为感情还是推理最为适宜。当我们的思想明显地属于推理型时，常常很难说它的各个步骤到底是不是由一个如此明确的探明真相的目的控制以致可称之为推理。

甚至当我们抱着一个明确目的苦苦思索时，也并不总是作出推断或形成信念。如果我们忘记一个名字，我们就念字母表，每个字母都停顿一下，看看需要的名字会不会想起来。当我们听到坏消息时，我们拼命让一连串心理联想自动出现，借以认识这个坏消息，并等着发现这个消息对我们意味着什么。一个诗人以高度的创造力思考他头脑里出现的许多形象并加以安排，他这样做不是为了发现真理，而是为了达到一个艺术和戏剧的目的。例如，在《暴风雨》普洛斯彼罗的精彩说白里有一连串形象——入云的楼阁、瑰丽的宫殿、庄严的庙堂、伟大的地球自身——它们之间的关系不是推理，而是幻想，这种幻想被创造力加强，服从诗人的意图。

确实，我们在任何一天里所作的实际推理，比起某些较高形式的非推理联想，绝大多数都属于一种水平低得多的思维。我们的许多推理，就像它们所伴随和改变的准本能冲动，是在我们根本不作有意识努力的时候发生的。人看见一块石头掉下来身子就向后跳，在这种纯粹本能的动作中，跳的冲动以及石子掉下来有危险的推理只不过是同一个无意识过程的两个名称。既可以说是本能冲动，也可以说是本能推理；例如，我们凭借一个本能的心理过程，根据眼肌肉的聚焦活动以及两个视网膜上的实像之间的差异对物体的距离和体积作出推理。我们并未意识到据以作出这些推理的方法，即使我们明知道立体照相机里的双重照片是平的，或者知道魔术师把两面聚光镜放在桌子底下，我们也只能说照片“好像”是立体的，或者说我们“似乎”直接看到了桌子底下。

整个推理过程，无论是理性的还是非理性的，确实都立足于这样一个主要事实：一种心理状态可能引起另一种心理状态，要么因为两种状态在个人历史上曾经联系在一起，要么因为两种状态之间的联系在种族历史上证明是有用的。一个人牵了他的狗在街上溜达，他们向右拐弯或者向左拐弯，慢吞吞穿马路或者急匆匆穿马路，辨别自行车的铃声和马夫的吆喝声并相应采取行动，所有这一切都是用同一个推理过程来指引同一些冲动。他们的推理基本上是不费什么力气的，虽然有时候人和狗也会停下步来，以无言的思考解决一个问题。只有逢到必须作出影响生命中比较遥远的目标的决定时，人才进入一个截然是理性思维的领域，狗无法跟他进入这个领域，人在该领域里使用语言，对自己的逻辑方法多少有点自觉。

但是，把自动联想作为思想工具来推理的弱点是：两个联想中随便哪一个联想都会引出另一个联想而不问它们之间的逻辑联系。果引出因就像因引出果一样容易。一个处于催眠状态的病人的推断最快也最丰富，但是他向后搜寻踪迹就像向前一样容易。把一支匕首放在他手里，他会以为自己已经杀了人。看见一只空盒子会以为已经吃过饭。如果听其自然，他可能会把日常事务做得井井有条。但是任何了解他情况的人都能使他胡作非为。

同样地，当我们做梦时，我们通过联想作出荒唐的推论。轻微的消化不良引起的不舒服感觉会产生一种念头，似乎我们要对一大批听众讲话却忘了带讲稿，或者似乎是穿了睡衣在布赖顿广场散步。即使当人们醒着的时候，他们头脑中那些暂时没有被他们充分注意的部分也容易作出同样不合理的推论。一位成功地使观众的注意力集中于看他的右手在做的事情的魔术师可以使观众从他左手的动作得出非理性的结论。处于强烈宗教感情状态的人，由于血液循环增强，往往觉得耳朵里嗡嗡发响。一个风琴手打开三十二个脚踏笛能够制造同样的感觉，能够借以使会众产生一种朦胧而半有意识的念头，似乎是在深刻体会宗教感情。

所有这一切的政治重要性在于这样一个事实：大多数人的大多数政治见解并非是受经验检验的推理的结果，而是习惯所确定的无意识或半无意识推理的结果。习惯在政治中显示的力量主要是形成各种思路。在我们的其他各种活动中，习惯主要是一个肌肉适应问题，但是政治的肉体动作绝少发生，难以确立一样类似习惯的东西。有时可以看见一个其政治见解已被三十年心理习惯磨炼得十分圆滑的体面的选民在投票，他在选票上画记号和把选票折起来时笨手笨脚的样子，活像一个第一次拿到练习簿的小学生。

有些人甚至最看重他们的那些其起源同有意识推理毫无关系的见解。巴里先生的鲍伊·哈格特[①]说："我认为彭斯[②]的作品有一种不道德的倾向。这些作品我自己没有读过，但我的看法就是如此。"他说这话是把读彭斯的作品可能产生的理性结论同他头脑

① 英国剧作家、小说家巴里（1860—1937）的小说《*Auld Licht Idylls*》中的主人公。——译者

② 罗伯特·彭斯（1759—1796）：苏格兰诗人。——译者

里已有的关于彭斯作品的想法进行比较，这种想法由于他不知道是怎样产生的，因而对他更加神圣，更加完全是他本人的。

这样下意识地形成的意见是我们日常生活事务中一个相当可靠的指导。物质世界并不经常故意欺骗我们，我们的最终信念乃是无数个独立的、瞬间的推理的结果，其中正确的推理比谬误的推理多，也比谬误的推理更有可能存在下去。但是，即便在我们的私人事务中，我们的记忆也容易消失，我们常常能够记住两个念头之间的联想，而忘掉产生那种联想的原因。我们头脑里有个模糊的印象，似乎辛普森是个酒鬼，却回想不起是否有理由可以相信，或者是否有人对我们说过辛普森有个亲戚发明了一种解醉酒的妙药。如果联想是靠一句生动的话记住的，如果从未有意识地注意过它的来源，那么，我们可能感到自己有一个极其鲜明的信念，如果有人对这个信念进行盘问，我们却什么也答不上来。例如，我们听见维多利亚女王时代早期一个主教叫“滑头山姆”，这样听了五六次以后，我们就对他的性格深信不疑，无需进一步的证据。

在一般情况下，这个事实并没有多大害处，因为一个名字除非被许多人真正当作恰到好处，就不大可能“受欢迎”，而除非“受欢迎”，我们就不会听到一次或二次以上。但是，在政治中，就像在魔术行业中，往往值得花不少精力去制造这样一个效果，而不必等这个念头单靠偶然的重复印入人们的头脑。我已经说过，各政党力图通过有组织的心理联想来相互取绰号。例如，假使“饭桶”这个字眼有一天早晨出现在《每日邮报》的要闻照贴上，作为郡议会竞选期间进步党的绰号，一个乘公共马车从普特奈去英格兰银行的人有意无意地至少看见一百次，到旅程结束就会形成一个相当牢固的心理联想。如果他动一下脑筋，就会明白，这个字眼不过是单独一个人决定使用的，但是他并不去动脑筋，这个字眼对他的效果就好比一百个人各自独立使用一样。报纸的要闻照贴由于节省篇幅，本来是简短的，现在却发展到有把我们的街道（如同一本美国杂志的广告页）变成无意识地产生永久性联想的心理实验室之虞。"又一次德国的侮辱"、"基尔·哈第[①]的罪恶"、"贝尔福[②]自食其言"，都打算作为现成的见解记在人们心里，而且已经记在心里了。

所有这一切都适用同一个产生冲动的规律。近似感觉、近似较古老的进化史上的东西，既会产生一种更有力的冲动，又会产生一个更现成的推论。当一个新的候选人初次露面向他的选民就像一个老朋友那样微笑时，他不仅像我在上一章说过的那样触动了一种古老而直接的人类感情的本能，而且还产生一个朦胧的意念，似乎他是一个老朋友；他的代理人只要没有说过任何足以引起批评和理性注意的事情，甚至可以暗示这一点。到集会结束时，人们竟会要求为"亲爱的老琼斯"三呼万岁。[③]

几年前，G. K. 切斯特顿先生从一篇关于美国选举的杂志文章里引用了这样一段话："对于美国工人听众来说，一个小小的合理的常识往往比长篇大论作用更大。在上次总统竞选中，一个演说

① 基尔·哈第（1856—1915）：英国工人运动右翼活动家。——译者

② 贝尔福（1848—1930）：英国首相，保守党领袖。——译者

③ 一个训练有素的售货员的能耐多半取决于他对这类心理事实的经验知识。我认识的一个小女孩第一次独自一人到商店购物时带回了一只她自己也认为难看至极的照相架，她向我解释说："售货员的表情好像这是我自己挑中的，我就出钱把它买下了。"但是她的解释乃是记忆和反思的结果。当时，在售货员巧妙的暗示下，她还以为真是她自己挑中的。

者在提出他的论点时，把钉子钉进一块木板，结果为他的一方赢得了好几百张选票。”①“合理的常识”并不是切斯特顿先生认为的那样把钉钉子作为一种逻辑论据提出来，而在于演说者懂得如何给非逻辑推理增添力量以及愿意使用那种知识。

一个生动的联想一旦形成，就陷入一大堆心理经历之中，嗣后可能经受发展和变化，与有意识的推理没有什么关系。曾有人告诉我说，当提议在英国发起一场反对将中国合同工输入南非的运动时，一位重要人物说：“没有人会投票赞成。”但是运动还是开始了，并且基于这样一个理性的论点：法令规定的条件等于把一种相当残酷的奴隶制强加于绝顶聪明的亚洲人。不过，谁要是留心1905至1906年冬的政治，就必然注意到，广告牌上画的中国佬使许多选民顿时激起了一种对黄种人的憎恨。这种憎恨转移到了保守党身上，到1906年大选结束时，工人听众前的幻灯片上突然映出一个中国佬的画像立刻就会引起一阵痛骂巴尔福先生的哄闹。

不过，在大选后，保守党记忆中的广告牌上中国人的脸就逐渐和曾经利用这些脸的自由党人等同起来。大选时我曾在一个选区做过工作，我方曾在那里贴过不少这种招贴画，结果我方竞选失败了。一年后，我在同一选区做伦敦郡议会的候选人。在投票结束前一小时，我以投票日疲劳的不自然的清晰度，在选区委员会办公室的窗前看到一张大的白脸，同时听到一个刺耳的声音吼道：“你那该死的辫子在哪里？上次我们把它剪掉了，现在我们要把它绕在你的脖子上，把你勒死！”

① 《异端者》，第122页。

1907年2月郡议会选举期间，伦敦广告牌上出现了无数张招贴画，目的在制造一种信念，即郡议会的进步党议员是靠诈骗纳税人过活的。如果如实发表这样一个声明，就是诉诸批判性理智，可能会引起争端，甚或打官司。但是这张招贴是诉诸下意识的推理过程。招贴上画着一个显然代表进步党的人，用一个粗短的手指指着说(意思相当含糊，以免犯诽谤罪)："我们要的是你们的钱。"这张画妙在充分利用这样一个事实：大多数人是按照对于一个被控犯诈骗罪的人的外貌的一连串迅速而无意识的推理来判断控告的真伪的。如果从画中人所戴帽子的形状、他的表链和戒指的式样、不整齐的牙齿以及红鼻子来看，分明是个职业性的骗子。我猜想这是出于一个美国画家的手笔，他的脸和衣服有点像美国式，这在下意识联想领域里进一步向多数目睹者暗示了坦慕尼协会。这张招贴画是极其成功的，但是，现在选举已经结束，它就像中国人的画像一样，似乎将继续发挥一种非理性的移情作用。人们注意到，一张进步党主办的晚报每当要暗示稳健派受不适当的金钱动机的影响，就把这张画缩小了登在报上。我本人感到它使我联想起那个劝铁路公司和其他人为他出钱的精力充沛的政客，政客本人的仪表可能使人想起英国绅士的最佳传统。

论述"群众心理学"的作家们曾指出兴奋和数量在以非理性推理代替理性推理中的作用。不过，任何一个阻止一个人充分注意其心理过程的原因都可能产生极端程度的非理性推理。我认识两个人，他们有做委员会工作的真正才能，我时常留心观察两人中的任何一人在小组委员会上控制同事的方法。这种方法在下午快过去时最灵，因为那时委员们已经累了，一整天打起精神听一个发言人滔滔不绝地讲一大堆不熟悉的芝麻绿豆的事情，已经有点昏昏然了。如果在那个当口，牵头的人稍稍加快他的讲话的节奏，稍稍强调大家完全理解他的意思，他就可以至少使他的几个同事半醒半睡，使他们欣然同意这样一个主张：使私立学校长存不废的最好办法是立即大量增加公立学校的数目。

时常有人争辩说，这种非理性推理只不过是我们政治思维的皮毛，而负责的政治决定，无论正确还是错误，永远是有意识推理的结果。例如，美国的传统唯理智论型政论作家往往面对这样一个事实，就是全国党代表大会代表们在挑选总统候选人和制定政纲时，不是处于一种可以检查他们自己的心智过程的逻辑有效性的状态。因此，这些作者认为，总统的真正人选不是由群情激昂的代表大会决定，而是由直接来自于美国家庭的宁静殿堂的选民决定的。

加菲尔德总统在 1880 年对共和党代表大会发表的演说中有一段经常被引用的话阐明了上述观点：

"我看见过大海怒涛滔天，浪花飞溅，它的宏伟壮观，使最愚钝的人也为之动心。但是我记得，一切高度和深度都不是根据巨浪，而是根据平静的海面测量的……共和国今后四年的命运不是决定于集合在这里的一万五千个才华横溢的男男女女……而是决定于共和国的四百万个家庭，在那里，有创见的选民们怀着家庭和祖国之爱所激发的思想，怀着过去的历史、未来的希望以及对那些在过去时日装点和赐福我们国家的人的知识，和妻子儿女团聚在一起。在那里，上帝将作出决定我们今晚工作的睿智的判决。"①

① 《加菲尔德传》，康威尔著，第 328 页。

但是，无论在美国还是英国，这种天才的大智者其实往往不过是个疲惫的户主，每天看看他的党报的大字标题和个人简讯，半无意识地养成无谓猜疑或民族骄横的心理习惯。的确，在竞选期间，人们常常感到，伟大的思想在大规模的集会上能够以全部感情力量表达，因此一些深刻的政治思想毕竟还是在大规模集会上最有机会获得赏识。

一个选民在阅读报纸时不仅可能采纳政治见解，而且还可能吸收一系列政治论点（靠联想，并由于一再重复而成为习惯）；他不一定感到必须把它们同他心中已有的其他一系列论点作比较。一位律师或医师会根据一些笼统的原则为他自己行业中最极端的工会主义辩护，同时又完全赞同向作为铁路公司股东或纳税人的他发表的对工会主义的谴责。同一些听众往往既可以通过“父母权利”使之为宗派的教诲欢呼，又可以通过“信教自由”使之对这种教诲嗤之以鼻。我认识一位最有本领的政治观察家，他在谈到报纸组织的一次攻击时说：“据我所知，攻击和辩护使用的每一个论据都各有各的效用。它们绝少会合，哪怕是对准同一个人的。”因此，从纯粹策略观点来说，林德赫斯特勋爵的一段名言：“千万不要在群众大会上为你自己辩护，除非是对批评进行反击；听众浸沉在攻击带给他们的乐趣中，会忘掉以前的指责”，是意味深长的。①

① 《格莱斯顿传》，莫利著，第1卷第122页。

第四章　政治推理的材料

但是，幸好人的思维并不完全依靠他非常容易产生、而且是他和高等动物共有的直接联想所产生的那种推理。人类文明所以能够不断发展，超出它的启蒙阶段，乃是因为发明了一些思想方法，这些思想方法使我们能够解释和预测自然的作用，成就比我们如果在运用头脑时仅仅走阻力最小的路为大。

不过，这些思想方法应用于政治的时候，仍旧代表一种困难而不可靠的技术，而不是代表一门以机械精确性产生效果的科学。

当古希腊的伟大思想家为有效推理制定规则时，他们心中确有特殊的政治需要。当柏拉图的幻想的洞穴中的囚犯们被真正的哲学解放后，他们必须致力于为国家效劳，他们的第一个胜利将是在政府领域里以理智控制感情。然而，如果柏拉图今天能来访问我们的话，他会发现，我们的玻璃器皿匠正在用严密而大胆的方法取得精密的效果，而我们的政治家却像古雅典的玻璃器皿匠一样，仍旧相信经验主义的格言和个人技能。他会问我们，为什么有效推理在政治中要比在自然科学中难得多？

我们的第一个回答可能在于政治推理必须处理的材料的性质。出现在我们的理智中的宇宙是和出现在我们的感觉和冲动中的宇宙一样的——川流不息的知觉和记忆，其中每一个都不同于另一个，在它们面前，除非我们能够选择、识别和简化，我们就束手无策，既不能行动，也不能思考。因此，人必须创造实体作为他推理的材料，正如他创造实体作为他感情的对象和本能推理的刺激一样。

精密的推理需要精密的比较，在沙漠或森林里，是没有什么东西可供我们的祖先作精密的比较的。诚然，天体曾经是有意识的精密推理的首批对象，因为它们是那么遥远，除了方位和运动之外，对它们一无所知，而方位和运动可以夜复一夜地作精密的比较。

地球学的创立同样来自两个发现。第一，能够从所有无论多么不同的事物中归纳出一些单一的特质（如方位和运动），并将它们同那些事物的其他特质作精密的比较；第二，为了作比较，能够人为地制造一些真正的划一，也就是说，从不同的事物中制造如此相同的事物，以致可以对它们在相同环境中的表现作出有效的推理。例如，几何学为人类服务，是人们自觉认识到，一切陆地和海洋单位就它们是延伸的面这点来说，是完全一样的。另一方面，冶金学只有到了人类能够真正从两块形状和外表以及化学成分都不同的铜矿石中提炼出两块极其相似、用同样方法处理会得出同样结果的铜的时候，才成了一门科学。

这第二种掌握材料的本领，政治学研究者是永远也不会有的。他永远不能在人类中制造一种人为的划一。即使经过二十代的教育或选种，也不能哪怕使两个人相似得使他可以相当有把握地预言他们在相同的环境里会有相同的表现。

那么，政治学研究者的第一种本领又如何呢？他在什么程度上能从人类的各种事实中归纳出一些特质，使人们相似到可以进行有效的政治推理呢？

1788 年 4 月 5 日，攻占巴士底狱的前一年，当时是美国驻英大使、后为美国总统的约翰·亚当斯给友人写信，信中谈到全欧洲“正在为政体问题骚动不已”。他说，人们在问，“政体是不是一门科学？它的建立有没有什么原则？它的目的何在？如果真的什么规则、什么标准也没有，那么一切都必然是偶然和巧合。如果有标准，那么这个标准是什么？”

在政治思想史上，人们一再认为自己已经找到了这种“标准”，亦即像任何东西都可以称重量这个事实之于物理学以及任何东西都可以测量这个事实之于地理学一样的人与政治的关系。

过去有些最伟大的思想家曾经从人类生存的终极原因中寻找这种标准。每个人的确都和任何其他人不同，但是这些不同似乎都与一种完人有关，虽然很少人接近完人状态，没有一个人达到完人状态，但是这种状态是所有人都能理解的。柏拉图问道，这是不是就是上帝所创造并安置在天堂里的人的原型——“理念”？如果是的，人们通过细心的推理和深刻的思考了解了那种原型，就能得出一门有效的政治学。从今以后，一切瞬息即逝、千变万化的感觉事物都可以按照它们同永恒的、不可改变的上帝的意志的应有关系来领会了。

或者，人与上帝意志的关系不是被想象作原型与摹本之间的关系，而是表现在制定的法律中的立法者的意志与法律所应用的个别事例之间的关系。洛克认为，通过思考世界上的各种道德事实能够学会上帝的法律。那种法律授予我们在上帝的法庭上辩护的某些权利，从中可以推断出一种有效的政治学。我们认识我们的权利就和认识上帝的法律一样肯定。

洛克写道："人是万能的和无限智慧的造物主创造出来的，是一个至高无上的主宰的仆人，奉他的命来到世上为他做事；人是他的创造物，是他的财产，是他的而非彼此的意志使他们存在下去；人具有同样的机能，生活在同一个自然界里；正因为如此，不能设想我们之间有任何从属关系，使我们有权彼此毁灭，仿佛我们生来是供彼此利用，就像低等动物生来是供我们利用一样。"①

当美国独立战争的领袖们在寻找反对乔治三世的凿实论据时，他们同样在"上帝赋予人类某些不可剥夺的权利"这个事实中找到了它。

卢梭和他的法国信徒们把这些权利安置在一个假想的社会契约基础上。人类的权利基于契约犹如大象站在乌龟背上，尽管契约本身，和乌龟一样，是什么都支撑不了的。

在这一点上，边沁在人类幽默感的支持下，把从天赋权利推断出来的整个政治学概念扔在一旁。他问道："天赋权利是样什么东西，造物主又住在哪里，特别是在造物主最多的无神论者镇？"

边沁本人认为他已经在一切人都寻求快乐而逃避痛苦这个事实中找到了标准。在这一点上，人是可以相衡量和比较的。政治学和法学因此可以跟物理学或化学在同样意义上成为实验科学。边沁写道："我目前的著作，还有其他已经发表或行将发表的关于立法问题或道德科学任何其他部门的著作，都试图把实验的推理

① 洛克：《政府论上篇》，1690年，1821年版，第191页。

方法从自然科学扩充到道德科学。”

边沁的“快乐和痛苦”标准在许多方面是比“天赋权利”前进了一大步。首先，它奠基于一个众所公认的事实：一切人显然都感受快乐和痛苦。这个事实在一定程度上是可以测量的。例如，可以计算今年一次印度饥荒的灾民人数，并把它与去年的灾民人数相比较。同样明显的是，有些痛苦和快乐比其他痛苦和快乐来得强烈，因此同一个人在特定的几秒钟里可以体验到不同数量的快乐或痛苦。尤其是，快乐和痛苦的标准对于政治思想家本人是客观的。约翰·斯图亚特·密尔引用了边沁在谈到所有一切同他的功利主义相抗衡的哲学时说的一句话：“它们都千方百计回避运用任何客观标准的义务，而劝说读者把作者的感情或意见当作论据本身加以接受。”

因此，一个边沁主义者，无论他是个像格罗特或莫尔斯沃思那样的议会议员，还是个像查德威克那样的官员，还是个像弗朗西斯·普莱斯那样的做组织工作的政客，总是能够通过研究关于居住在大英帝国的各个阶级和种族的数字比例、收入、工时、疾病死亡率等统计资料来检验自己对“财产权利”、“恶意的鼓动者”、“宪法精神”、“侮辱国旗”等等的感触。

但是，作为一门完整的政治科学，边沁主义已经不行了。快乐和痛苦的确是人性的因素，然而它们并非是对政治家重要的唯一因素。边沁主义者肆意歪曲词的意义，力图把诸如本能冲动、古老传统、习惯或个人特性和种族特性等动机全都作为快乐和痛苦的形式加以分类。但是他们失败了，探索有效政治推理基础的工作必须由比边沁及其信徒更加意识到问题的复杂性、而对绝对成功不太自信的一代人来从头做起。

在探索中，一件事至少是愈来愈清楚了。我们必须找到尽可能多适当的和可以测量的人性因素，同时必须努力使它们全都在政治推理中发挥作用。也就是说，在收集政治学的材料时，应当采取生物学家的方法（生物学家试图查明一群相关的生物中能观察和测量到多少共同的特征），而不应当采取物理学家的方法（物理学家从整个物质世界所共有的单独一种特征中构成或习惯于构成一门科学）。

收集到的事实因为数量多，必须加以整理。我认为，为方便计，研究政治的人可以把它们分成三大类：关于人的类型的说明性事实；关于从个人或一群人身上观察到的那种类型的遗传变异的量的事实；关于人降生在其中的环境以及该观察到的环境对人的政治行为和冲动的影响的量的事实和说明性事实。

医科学生已经力图尽可能多地掌握与他的学科有关的关于人的类型的事实。例如，在他可望考试及格之前必须学会的单单关于典型的人体解剖的说明性事实就有好几千。如果他要把它们牢牢记住以便今后在实践中应用，就必须仔细地把它们分门别类。例如，他可能会发现，只要把有关人眼构造的事实同它们的进化史联系起来，或者把有关手的骨骼的事实同X光片上的手的视觉形象联系起来，就最容易记住，也记住得最准确。

有关人体构造变异的量的事实，医科学生是以统计方式收集的，如果他想获得公共卫生文凭，就必须获得有关环境卫生的主要事实。

实习教师在实习期间也学会一系列有关人的类型的事实，虽然就他而言，这些事实要比医学教科书里的少得多，准确性差得多，编排也大为不便。

如果政治学研究者遵循这样一种安排方法，他在课程开始时至少要掌握一篇心理学论文，论文中包含所有那些已被经验证明对政治学有用的人的类型的事实，并且编排得使学生的知识在需要时最容易回忆起来。

然而，眼下攻读最负盛名的政治理论著作来接受专业训练的政治研究者们仍然处于学习希披克拉底①或盖伦②的著作的医科学生的境地。他被讲授少数孤立的、因而是歪曲的关于人的类型、关于快乐和痛苦的事实以及意念的联想或习惯的影响。他被告知说，这些事实是从人性的其他事实中挑选出来的，为了让他在再无其他事实可学习这一前提下清醒地思考。其他究竟还有些什么事实，他必须自己去寻找；但是他很可能认为它们不会是有效科学思维的题目。他还学习一些关于自由和谨慎等经验主义的箴言，等他读了一些关于各种制度的历史以后，他的政治教育就算完成了。难怪普通的门外汉宁可喜欢已经忘掉书本知识的老年政治家和记得书本知识的青年医生哩。③

一个这样培养出来的政治思想家肯定容易把他学生时代学到

① 希披克拉底(公元前460—前360?)：古希腊名医，世称医学之父。——译者

② 盖伦(130? —200?)：古希腊名医。——译者

③ 1907—1908年冬天，我曾在不同场合同两个牛津大学青年研究生讨论政治学的入门法。我对每一个研究生都建议说，读一点心理学是有用的。每个研究生事后都告诉我说，他已经向他的导师请教过，导师回说心理学“没有用处”，或者是“废话”。一位导师——一个以智力过人闻名的人——据说还添加了一个妙不可言的学究气理由，即心理学“既非科学，也非哲学”。

的人性概念储藏在他头脑一个单独而神圣的角落，在那个角落里，无论花多大工夫精心搜集到的各种经验事实也是进不去的。例如，奥斯特罗戈尔斯基教授在1902年出了一本名叫《民主及政党组织》的重要而饶有趣味的书，书中包含了对英、美两国政党制度进行十五年密切观察的成果。书中举的各种例子也许可以作为对人性中那些对政治家具有重要意义的事实的相当充分的说明的基础，这些因素包括我们的冲动的性质、我们与外界接触的必要限制以及在遥远的过去逐渐形成、现在如此新而奇妙地使用的思维方法。但是，没有迹象表明奥斯特罗戈尔斯基教授的经验已在最低程度上改变了他一开始所谈的人性概念。所观察的事实可惜是与“自由理性”、“自由总概念”、“鼓舞1848年的人们的感情”相对立的。书末草拟了一个章程，按照那个章程，选民必须投票选举他们通过政策宣言获知的候选人，而“宣言中绝对不许提到政党的名字”。我们仿佛在读一个忠诚然而悲伤的托勒密[①]天文学信徒对哥白尼天体的一系列认真观察。

奥斯特罗戈尔斯基教授是尼古拉二世的第一届杜马的一位著名民主立宪党党员，他必然知道，如果他和他的一帮人要有足够的力量在平等地位上同俄国专制政治较量，那么他们就必须是个政党，作为政党被人们信任和服从，而不是一群乌合之众。将来有一天，第一届杜马的历史将形诸笔墨，那时我们就可以知道，奥斯特罗戈尔斯基教授的经历和他的信仰是否已终于在那场伟大斗争的烈火中融为一体。

① 托勒密：公元前二世纪古希腊天文学家。——译者

奥斯特罗戈尔斯基教授的书的英译本是以詹姆斯·布赖斯先生写的一篇前言为序的。这篇前言表明，即使在《美国的政体》作者的头脑里，他在牛津大学学到的人性概念依然阴魂不散。

布赖斯先生说："在理想的民主中，每一个公民都是聪明、爱国、大公无私的。他唯一的愿望，是在每个有争议的问题上发现正确的一方，并在许多个互相竞争的候选人中选定最好的一个。他的常识，加上对他国家的政体的知识，使他能够从向他提供的许多论据中作出明智的判断，而他自己的热情则足够送他到投票站去投票。"

隔开几行之后，布赖斯先生提到"每个选民的智力独立的民主理想，这种理想与任何国家的现状相去甚远"。

布赖斯先生的"理想的民主"指的是什么？如果有所指的话，那一定是指与人性的各种事实相一致的最佳形式的民主。但是，我们在读整段话时感到，布赖斯先生那几个字乃是指倘若人性是像他本人希望它是的，并且在牛津大学学会去想它是的情况下能够实行的那种民主。如果真是这样的话，这段话就是我们的传统政治课程的效果的绝妙注脚。今天，任何一个医生在一篇医学论文的开头都不会说："理想的人不需要食物，不受细菌活动的影响，但是这种理想与任何已知人口的现状相去甚远。"没有一篇现代的教育学论文会以这样一个声明开头："理想的学生无需施教就能学会知识，他唯一的愿望是促进科学，但是从来就没有过这样的学生。"

在一个因产生果、果产生因的世界里，"智力独立"又指的是什么呢？

历任牛津大学政治经济学教授、殖民地副大臣和印度副大臣的赫尔曼·梅里维尔先生在 1861 年写道：

“保留或放弃一块领地不是一个单纯由损益平衡，或者由抽象政治哲学提供的较高尚但作用甚至更小的动机所决定的问题。民族荣誉感、血统的骄傲、强韧的自卫精神、同宗社会的同情、优胜人种的本能、把我们的文明和宗教传播到全世界的模糊而慷慨的愿望；所有这些冲动，学生在他的斗室里可能忽视，但是政治家却不敢忽视……”

这里的“抽象政治哲学”指的是什么？没有一个医学作者会谈论一门人没有肝脏的“抽象”解剖学，也不会添油加醋地说什么虽然学生在他的斗室里可能忽视肝脏的存在，开业医生却不敢忽视。

梅里维尔的“抽象”政治哲学显然是和布赖斯先生的“理想”民主指的同一样东西。两者都提到一种由某些十八世纪的哲学家真心诚意地创立的人性概念，这种概念如今已无人真正相信，但是由于未被任何其他东西取代，在一个假设的天地里仍有一定的权威。

这位或那位作者谈论他不再认为是“抽象”或“理想”的人性概念也许只不过出于学术上的兴趣。但是这种不完全的信念却产生巨大的实际效果。由于梅里维尔知道他的老师们在工作室里学习的政治学是不适当的，可又没有任何东西可以代替，就只好老老实实地放弃了对白人殖民地与大英帝国其余部分的关系这样一个棘手问题进行有效思考的企图。他因此决定这个问题应当用“砍断缆索”[①]这个单凭有限的经验的方法来解决；由于他是紧急时期殖

① 喻殖民地和宗主国断绝关系。——译者

民部的长官，他的决定无论是错是对都不是无关宏旨的。

布赖斯先生也许正因为脑子里有这样一个不完全的信念，才未能对政治学作出建设性的贡献，而他其实是比当时其他一切人更有资格作出这种贡献的。他在同一篇前言中说："我个人是个乐观主义者，几乎是个职业的乐观主义者，一个人如果不下定决心尽可能从乌云中看到蓝天，那么，政治确实是不堪忍受的。"试想象一个化学实验方面公认的领袖发现实验没有证实某一条定式，居然还自称"下定决心"以老的和舒服的观点看问题！

我提倡的政治训练课程的第二步，是从量的角度研究与至今一直作为类型研究对象的"正常人"或"一般人"相比较而存在的个人遗传变异。

研究者如何对待这部分课程呢？每个人就其物质来说，都和另一个人在量的方面有所不同。研究者显然不能在头脑里装进或为了思考而使用十五亿人的哪怕单独一种遗传特质的全部变异。一个种族过去历史上无数种遗传特质的相互关系他能够弄清或记住的就更少了，因为每一分钟都有人出生和死去。

H. G. 威尔斯先生在他的《现代乌托邦》的一篇十分生动的"工具的怀疑"附录文章里面对了这个事实。他的回答是，这个困难"在生活的一切实际事务中是毫不重要的，或者就除哲学和广泛的概括外的一切而论，也是毫不重要的。但是在哲学中却有重大关系。如果我早餐要两个新鲜鸡蛋，却送上两个未充分孵化但仍旧独一无二的鸟蛋，那么，它们很可能适合我的原始的生理目的。"①

① 《现代乌托邦》第 381 页。

但是，对于政治家来说，个人的独一无二是极其重要的，不仅是在他处理“哲学和广泛的概括”的时候，而且在他日常生活的实际事务中。即使家禽繁殖家在搞一个新品种的时候也不会光是要“两个鸡蛋”放在母鸡肚皮底下，而对一个出奇复杂的世界上的实际结果负责的政治家要比家禽繁殖家处理更微妙的特征。一个政治家需要两个私人秘书，或者两位将军，或者两个能获得非国教徒和工会主义者同样热烈拥护的候选人，是不会单单要“两个人”就算了事的。

不过，在这一点上，多数政治学作者似乎都暗示说，他们已经把人性描写成仿佛一切人在一切方面都同普通人一样，而且已经警告过他们的读者，说他们的描写是不精确的，这样以后，他们就再也无能为力了。个人差异的全部知识必须让个人自己去体会。

比方，约翰·斯图亚特·密尔在其《逻辑体系》结尾“道德科学的逻辑”一节中就暗示了这一点，而且似乎还暗示说，政治学研究者和教授所作的政治判断和预测中任何不精确之处并不包含一个大的错误因素。

密尔说：“除了对个别人的自然差异以及这些差异所依据的物质环境的程度（当我们从平均数或总数研究人类时，这些是次要的）还有点不肯定以外，我认为，能干的鉴定人多半会同意，人性的不同构成因素的总规律甚至现在就已经被充分认识，一个能干的思想家能够几乎肯定地从那些规律推断出任何一组假定的环境在一般人身上形成的特殊性格。”

今天几乎没有人会同意密尔的观点。正因为我们觉得自己不能“几乎肯定地”推断出环境对性格的影响，所以才都希望在可能范围内获得一个比从“平均数或总数”思考人类所能得到的更精确的人的差异概念。

幸而数理生物学研究者（卡尔·皮尔逊教授是最著名的领袖）已经向我们表明，遗传变异的事实可以如此这般地安排，使我们用不着记忆无数个孤立的例子就能记住。皮尔逊教授等人在《生物统计学》期刊上测量了无数山毛榉叶、蜗牛的舌头、人的头骨等等，并在每一情况下记录了每一群体中每一特质的变异，皮尔逊教授称之为“观察频率多边形”，但是按照对其形状的模糊记忆，我本人管它叫“三角帽”。

下面是一张这种形状的摹图，根据对美国陆军 25 878 名新兵的实际测量绘制。

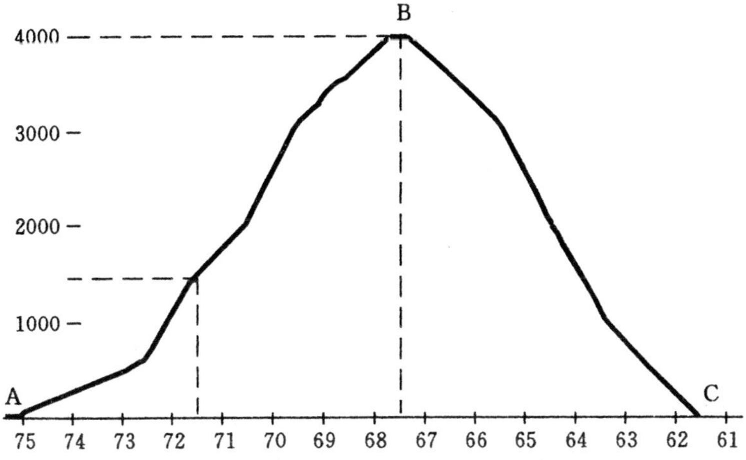

ABC 线通过与 AC 线各点的距离记录了达到各级英寸高度的新兵人数。它表明（如虚线所示）身高在五英尺十一英寸至六英尺之间的新兵约为一千五百名，五英尺七英寸至五英尺八英寸约为四千名。

这种图，如果单单记录后代同母体在进化中常常不太相似这一事实的结果（就像记录其他“偶然”变异一样）是相当对称的，最多的是中位数，中位数以上和以下的两根下降曲线彼此相当一致。作为经验的结果，长筒靴制造商事实上是划这样一根曲线，使大批靴子的长度或宽度接近中位数，中位数以上和以下的尺码则对称地逐渐减少。

在下一章里，我将论述这种或者真正“划定”，或者粗略地想象的曲线在推理中的使用。在本章里，我指出，第一，它们很容易被记住（部分是因为我们的视觉记忆极易保持一根黑线在白纸上画的形象），因此我们头脑里能够容纳的变异的数量要比把它们当作孤立的例子记住的可能性大得多；第二，我们可以借助想象这样的曲线对尚未出生或尚未测量的群体可能有的任何遗传特征的变异性质有一个大致准确的概念。

为了研究政治而将人的知识划分的第三类也是最后一类，是人的环境以及环境对于人的性格和行为的影响的各种事实。政治学的特殊困难就在于这个因素极不稳定和极不可靠。人的类型及其差异的量的分布，对于只与区区几代人打交道的政治家来说，几乎是永久性的。人的环境正以日益增快的速度在改变。每个人的遗传本性确与另一个人不同，但是每代人的最重要差异的相对发生率还是可以预测的。另一方面，一个人的环境同其他人的环境之间的差异却无法用曲线表示，也无法用应急办法记住或预测。巴克尔曾试图借助构成一小部分环境的气候的影响的少数概括来解释现代国家目前的智力历史并预言未来的智力历史。但是巴克尔失败了，以后再没有人以他那样的自信来研究这个问题。

当然，我们可以看到，在任何一个民族或阶级的任何特定时候的环境里，有些因素为全体成员构成一个共同的经历，因而也构成一个共同的影响。气候就是这样一个因素，其他如美洲的发现、印刷术的发明、工资和价格的比率都是。一切非国教徒都受对于国教徒很少意识到的某些事情的记忆的影响，一切爱尔兰人都受绝大多数英格兰人力图忘怀的事情的影响。因此，政治研究者必须读历史，特别是发生在刚刚过去的那段时间、很可能影响他将在其中工作的一代人的那些事件和思想习惯的历史。但是，他必须经常提高警惕，不要指望他读的东西能给予他很大的作准确预测的力量。逢到历史告诉他某一个试验成功或失败的时候，他必须永远设法弄清楚成功或失败在何种程度上应归诸人的因素，在何种程度上应归诸环境因素。如果他能够证明失败是由于忽视了某些人的因素，并能明确地说明那些因素是什么，他就能够赋予任何一个世代中的老人借以告诫年轻人，说年轻人的思想"违反人性"的那些一再重复而无人理睬的格言以真正的意义。但是，如果失败的原因是心理环境，也就是说，是习惯或传统，或者记忆，那么，他就应该时刻提防就民族或种族"特性"作出概括。

现代政治思想中犯错误最多的一个原因，是将只属于生物遗传的经久不变性赋予共同习惯。就凯尔特人和条顿人或者东方和西方作出的概括足可建立一门科学，但是概括所根据的事实可能在一个世代内就消失无遗。在过去，民族习惯改变得非常缓慢，这是因为新的生活方式很难创造出来而且只是逐渐推广，同时也是因为人与人或国与国之间交流思想的工具极不完善；因此关于一种民族习惯的正确报道可能在许多世纪内仍保持正确，而实际上恐怕也是如此。但是今天，一项可使社会生活或工业生活发生巨大变化的发明在地球彼岸某一国家会像在它的起源地一样被热心地采用。一个有重要事情要说的政治家第二天早晨是对五亿听众说的，而像日本海战役那样的重大事件发生几小时后就开始在几千英里外产生影响。在这些新的条件下，已发生了足够多的事情，表明不变的东方明天可能进入一个革命时期，而英国人对理性概念的冷淡或法国人的军事野心这类习惯，在足够强的刺激下，国家是可以像个人一样把它们彻底抛弃的。

第五章　政治推理的方法

传统的政治推理方法不可避免地具有其题材上的缺点。在思考政治的时候,我们难得深入那些非常容易在我们头脑里形成的简单的实体,或者认真地探索现实世界的无限复杂性。一些抽象的政治概念,例如正义、自由或国家,就像实际存在的东西一样贮存在我们头脑里。一些专门的政治名词,例如"政府"、"权利"或"爱尔兰人",都向我们暗示单一的"模式标本"概念;而我们就像中世纪的生物学家一样,倾向于认为一个物种的每一成员在一切方面都和模式标本相同,彼此也相同。

在政治学里,一个"凡甲都是乙"形式的正确命题几乎一定意味着许多具有甲的特质的人或物,其变异数就和个人本身一样多。可是,在我们的语言以及与语言相联系的心理习惯的影响下,我们总是要么把甲当作单独一个具有乙的特质的人,要么当作许多同样具有那种特质的人。当我们在报纸上看到"受过教育的孟加拉人对政府不满"这条消息时,我们要么在看报过程中附带出现的半无意识视觉形象中看到单独一个对政府流露不满情绪的"巴布"[①],要么依稀看到一大群同样的"巴布"同样都对政府表示不满。

① 巴布:半英化印度人的贬称,多指略懂英语的印度职员。——译者

这些拟人化和划一又唆使我们在政治思维中使用培根时代以来的自然科学一直反对的那种从大而未经考验的概括作出先验的推论的方法。今天没有一个科学家硬说行星绕圈子转是因为行星是完美的，而圈子是一个完美的图形；也没有一个科学家硬说每一种新发现的植物必能治某种病，因为大自然赋予一切植物以治病的特性。但是，“逻辑的”民主主义者仍旧在美国争辩说，由于一切人生来平等，政治机关必须轮换，“逻辑的”集体主义者也往往根据国家应拥有一切生产工具的“原则”坚称一切铁路公司的经理必须由普选产生。

还有，在自然科学中，原因的多重性和相互作用概念已成为我们习惯性心理内容的一部分；但是，在政治中，迷信书本的学生以及街上的人说话的口气却仿佛每个果都只有一个因。比方，如果提出英日同盟问题，任何两个政治家，无论他们是海德公园人群外围的流浪者，还是为《泰晤士报》撰稿的学院院长，都有可能一个说一切国家都是疑心病重的，因此这种同盟必定失败，另一个说一切国家都是受其利益指引的，因此这种同盟必定成功。《织工马南》中的“彩虹”房东听过好几千次政治辩论，最后才选定了一道公式：“真理在你们中间；像我常常说的，你们两个都对，也都不对。”

在经济学里，把抽象和同一的词当作仿佛等于抽象和同一的物的危险，在过去半个世纪里就已经被认识了。当开始有这种认识时，“经典”政治经济学的信徒们表示反对，说抽象是思想的一个必要条件，只要我们清楚地了解我们所做的事情，它所产生的一切危险就都能避免。站在新、老经济学结合点的巴奇霍特[1]于1876

① 巴奇霍特(1826—1877)：英国经济学家、评论家。——译者

年写道：

“政治经济学……是一门抽象的科学，就像静力学和动力学是演绎的科学一样。因此，它是对付一个不真实的、假想的主题……不是我们实际上认识的真实的人，而是一个比较简单的假想的人……”①

巴奇霍特进一步争论说，只要记住一系列假想的、简单的人，真实的和复杂的人就可以刻画出来了。他说：“科学的原理是常识——首先是一些简单的事例；先了解主要的力量在尽可能小的阻力下如何起作用，等你充分了解以后，再把每一个干扰因素的各个结果接连加上去。”②

但是，这种心理彩色石印图画制作法虽然有时不失是一种学会一门科学的好方法，却并不是使用这门科学的方法；巴奇霍特也没有说明他从多层抽象概念形成的人的复杂形象应如何实际用来预测经济效果。

当杰文斯③于1871年发表他的《政治经济学原理》时，已经普遍感到，一个简单的、假想的人，或甚至由许多个不同的简单的、假想的人构成的复合图像，虽然对回答考题有用，但是在制定一项工厂法或仲裁一项按物价涨落计算工资法时却没有什么用处。因此杰文斯把他的经济方法建立在个别事例的多样性而不是同一性上。他把一个工作日的工时或花钱获得的满足单位排列在上升和下降的曲线上，并用数学方法表示一根曲线（无论是代表一个假想

① 《经济研究》（朗曼出版公司1895年版）第97页。

② 同上书，第98页。

③ 威廉·杰文斯（1835—1882）：英国经济学家。——译者

的数值还是代表一个已确定的事实）在哪一点上与其他曲线相交最为有利。

这个方法是与讲求实际的人用来获得实际而可靠的结果的方法一致的，尽管是粗略的一致。一个铁路公司的经理要了解他的旅客所能承受的最高运费率，如果有人对他说，运费率是根据一切人都希望尽可能少花气力多挣钱的规律定的，这条规律的作用又被人们不愿破除老的工作习惯所修改，他对这种说法是不会感兴趣的。他需要一种方法，这种方法不仅仅是向他提供已经发生了什么的口头“解释”，而是使他能够对于在特定条件下会发生什么作出一个量的估计。不过，他能够（我以为他现在也经常这样做）用杰文斯的方法从记录运费和运输量等实际统计数字的曲线相交点得出以半便士和吨计的明确结果。

杰文斯的方法从创始以来正在不断发展；经济方法和统计方法已差不多变成一样，疲劳或后天技能问题、家庭影响和个人节俭问题、企业家或雇员管理问题，都已以定量的形式提出和讨论。如马歇尔教授前不久所说，在经济学中，定性推理已经过时，定量推理正在开始取而代之。①

假使不是讨论企业和金融，而是讨论政治体制的结构和作用，方法上类似的变化又有多大的可能呢？

挑选一些显然能够用量的方法来处理的政治问题当然是很容易的。例如，可以举出大英帝国联合协商会议使用的会议厅的最

---

① 《经济学杂志》，1907 年 3 月，第 7、8 页。“从化学比拟称为的定性分析已完成了它的大部分工作……从定量角度决定各种不同经济力量的相对力量所取得的进步却小得多。那项较高和更艰巨的工作必须等待彻底的现实主义统计学的缓慢发展。”

佳面积问题——假定厅的形状已经确定。问题的主要因素是会议厅要有气派，要大得足可容纳各行各业的代表并能进行委员会工作，又不可过大，要使所有的人不必竖起耳朵就能听见讨论。最后决定的面积将代表这些因素的折中，容纳的人数将少于单单考虑代表因素和气派因素，而多于单单考虑便于讨论因素。

一群经济学家可能同意画或想象一系列“曲线”，代表每增加一个面积单位在气派、代表恰当性、委员人数、卫生等方面获得的利以及每增加一个面积单位在影响讨论方便等方面的弊。气派曲线和恰当性曲线可能是直接估算的结果。可闻度边际方便曲线可画在实际的“变异多边形”上，表示足够数目可望参加会议的各种类别和年龄的人在那样的房间里能听见人家说话也让人家听见自己说话的距离。经济学家们经过讨论以后，还可能进一步就每个因素对最后决定的相对重要性达成协议，而且还可以用熟悉的“加权”统计方法实施他们的协议。

答案可能是：在一个高 26 英尺的房间里为 317 个委员每人提供 14 平方英尺地面。当答案确定以后，听力上会有一个“边际人”（也许代表一个 74 岁、健康情形一般的人），他就说话的清晰度而言听不见或正好能听见“边际人”的声音——此人在牛津大学生物学教授专门画的多边形上代表巴利奥尔学院声音最轻的两位导师。从委员会工作观点来看，委员接连增额而效用不断降低曲线上的边际点可能表明这种工作必须要么减少到远远低于各国议会常见的水平，要么大半由非议会成员的人来做。美学的气派曲线可与英国建筑师协会主席正好不至于写信给《泰晤士报》抱怨的一点相交。

任何在这类线上进行的讨论，即使曲线仅仅是语言形态，也是切实有用的。不是一个人反复说一个堂堂帝国的会议厅必须显示其使命的气派，另一个人回答说会议厅而不能进行会议等于虚设，而是两者都不得不问："多少气派？"和"多少会议便利？"这个问题似乎往往是由密切关心美学效果而毫不关心会议便利的建筑师解决的。建筑师在报告中列举的理由似乎很有说服力，因为其他考虑不在建筑委员会的头脑里，他们一个时候只考虑问题的一个方面，而不设法使所有方方面面协调。否则就不能解释下述事实：华盛顿众议院的会议厅不适宜供议员进行辩论，犹如一把十英尺阔的调羹不适宜喝汤。印度国民大会党的能干的领袖们于 1907 年犯了同样的错误，当时他们一味注意炫耀，竟一致认定，凡是困难而令人兴奋的策略问题，必须由一千五百名代表在一个巨大的帐篷里当着近万观众的面讨论。我担心，伦敦郡议会也很可能轻视对这类问题的量的推理方法，1912 年可能落成一座新的大厅，它显示伦敦的气派和建筑师的天才是绰绰有余，但是其他任何用场都不适合。

当答案不是从一个而是要从几个"未知数"当中寻找时，定量方法的本质也不会改变。以伦敦提供最佳类型的小学这个问题为例。如果假定只提供一种类型的学校，问题将以和会议厅的面积问题相同的方式提出。但是，伦敦大多数地区都可能在每个儿童步行距离内设立四五个不同类型的学校，问题就变成如何选择少数类型的学校以使学生和课程之间的"不适合"程度尽可能小。如果我们认为儿童的天资（或"聪颖"）多少有些差异，问题就变成如何使学校类型适合于一个相当精确的智力差异多边形。最佳结果可能是设立五种类型的学校,分别代表百分之二天资最聪慧的、百分之十较次的、百分之七十六居间的、百分之十低智的以及百分之二“智力有缺陷的”。这就是说,地方当局必须按照那种比例提供中等学校、高智学校、普通学校、低智学校以及弱智学校。

营养及其他家庭环境的普遍改善可能使差异多边形变“陡”(亦即使更多的儿童接近正常标准),或者可能增加显示非凡遗传聪慧的儿童的数目从而使多边形“变平”;无论哪种情况都会使学校类型之间或甚至类型数目之间的最佳比例发生令人满意的变化。

要敦促一群政治家就画出表示通过在城市工业人口中逐步满足由社会主义和个人主义这两个名词所表明的那些需要而获得的社会利益的曲线达成一致意见就更难了。不过,可以使政治家承认,为此目的而画出曲线是一个观察和调查问题,个人和国家之间社会义务的最佳分配将在这一点或那一点相交。对于许多社会主义者和个人主义者来说,尝试用这种方法思考他们的问题是一个极其宝贵的锻炼。如果要求一个社会主义者和一个个人主义者问自己:“多少社会主义?”或“多少个人主义?”那么,即使在一人回答“只要个人主义,不要社会主义”,而另一人回答“只要社会主义,不要个人主义”,这种讨厌的情况下,也可以得出一个进行认真讨论的基础。

当然,每个向社会主义或个人主义发展的阶段都改变问题的其他要素的性质,或者诸如印刷术、代议政体、文官考试、功利主义哲学等发明可能大大满足社会主义者和个人主义者的欲望,这些事实使问题变得更加复杂,但是并不改变其量的性质。关键的一点是：就一个政治思想家能够采取马歇尔教授称为的量的推理法而言，他的词汇和方法不是经常暗示一种虚假的单纯，而是指明他所处理的每一个事例都和另一个事例不同，每一个果都是许多能变的因的作用，因此，除非考虑到一个行为的全部条件及其相对重要性，那么，对这个行为的结果的估计就不可能是准确的。

但是，如果一个政治家既不是处理一个像建造大厅或学校那样明显是量的问题，也不是企图赋予像社会主义或个人主义这类抽象名词以量的意义，而是处理负责的立法的巨大复杂性，这种量的方法又可能使用到什么程度呢？

在回答这个问题时，先来看看某位政治家思考一个重大体制问题的方式，这对于我们是大有裨益的。

就拿莫利先生在《格莱斯顿传》中所谈格莱斯顿在1885—1886年的秋天和冬天对爱尔兰自治法案的思考来举例吧。我们获知，格莱斯顿在过去好些年里就已经断断续续为爱尔兰问题焦思苦虑，而现在他自称是“不断地思考这个问题”，并“通过研究和反思来作好准备”。

他首先必须考虑英格兰人和爱尔兰人的感情状况，并估计这种状况在什么程度上以及在什么影响下可望改变。关于英国人的感情，他说：“我期望许多人心中慢慢地、健康地酝酿着最后的结果。”另一方面，爱尔兰人的自治愿望是不会改变的，在他的问题期限内，应该看作是“固定的”。不过，无论在英格兰还是在爱尔兰，他认为“相互的依恋”都可能会增强。

在就赞成某种地方自治下定决心之前，格莱斯顿研究了每一种可行办法，特别是发展爱尔兰郡政府或者所有三个联合王国都参加的联合组织。他零零落落地从奥匈帝国、挪威和瑞典，以及“殖民型”政府的历史中得到启发。他差不多每天都读伯克的著作，并惊呼“一个多么了不起的关于爱尔兰和美国的知识宝库！”他从迪西[①]的《宪法研究导论》中论半主权议会的一章获得了不少教益。他设法从私人密谈中的新鲜观点并通过想象“文明世界”会有什么想法来看这个问题。当他接近他的主题时，他已经有了“韦尔比和汉密尔顿专门为他编制的数字”统计报告，举行过“关于财政和土地的秘密会议”，而且在爱尔兰对帝国税收的贡献应当是十五分之一还是二十分之一这个问题上差点同巴涅尔[②]决裂。

在格莱斯顿的估计中，时间和人是重要因素。如果索尔兹伯里[③]勋爵愿意实行某种爱尔兰自治措施的话，问题就可能会发生根本性的改变，而如果大选结果产生了一个独立于爱尔兰和保守党之外的自由党多数，也会同样如此；而莫利先生则说他的全部估计的基础是“自由和自治的所有伟大永恒之举对他的不可抗拒的吸引”。

莫利先生的叙述最多只涉及格莱斯顿在这几个不断思考的月份里头脑里必然存在着的一小部分问题。比方说，没有提到宗教，没有提到军事形势，也没有提到永远存在着的对自治施加限制的可能性。但是已足够说明一个政治家在考虑一项新政策将会有什么影响时政治思考的复杂性。

① 迪西(1835—1922)：英国法学家，其所著《宪法研究导论》(1885年)被认为是英国宪法的一部分。——译者

② 巴涅尔(1846—1891)：爱尔兰民族主义者，爱尔兰自治派领袖。——译者

③ 索尔兹伯里(1830—1903)：英国首相，保守党领袖。——译者

那么，格莱斯顿的最后决定又是用什么逻辑方法作出的呢？

比方说，他是处理一系列简单的问题呢，还是只处理一个复杂的问题？我认为，很清楚，一些孤立的、相当简单的推理会接踵而至；但是，同样清楚的是，格莱斯顿的主要思维努力是使他头脑里所有辛辛苦苦收集起来的材料同整个问题协调。这一点已由在这个时期内密切参加格莱斯顿的脑力劳动的莫利先生的一段说明他自己想法的引文所强调。

莫利先生引用加德纳教授的话说："历史学家冷静地、随心所欲地解剖一个人的思想，并且把它们像博物学家的陈列室里的标本那样贴上标签。他们一口咬定，做这件事纯粹是为了抬高自己，做这件事是为了国家目标，做这件事是出于崇高的宗教动机。在现实生活中，我们可以断言情况并非如此。"

很明显，尽管格莱斯顿的头脑是悠闲自在地在"自由和自治的伟大永恒之举"中活动，他自始至终在追求一个量的方面的解答。"自治法案"对他来说并非是一个简单的实体。他懂得，对爱尔兰政府可能有无数方案，因而力图就他自己方案的每一要点在许多不同力量中作出一种微妙的调整。

对格莱斯顿先生来说，这种复杂的调整工作的一大部分显然是无意识的。在整个过程中，你会感到——任何曾经必须作出重要性较次的政治决定的人都可以把它同他的亲身体会相比较——格莱斯顿是在等待头脑里出现一个解答的迹象。他意识到他所作的努力，同样也意识到他的努力正在同时被引向许多不同的考虑，但是对实际推理过程却基本上没有意识到，这种推理过程在他睡眠时，或者思考别的事情时，恐怕比他醒时和专心致志时进行得更加迅速。莫利先生的一句话说明了一种每位政治家都熟悉的感觉。他说:"读者知道格莱斯顿先生的主要思路是指往哪个方向的。"

这就是说,我们所观察的与其说是科学的作用,不如说是艺术的作用,与其说是自觉方法的作用,不如说是悠久经验和训练有素的才能的作用。

但是,人类进步的历史却在于逐渐地、部分地以科学代替艺术,以年轻时通过学习获得的支配自然的力量代替中年晚期作为经验的半无意识产物的力量。因此,这里就涉及另一个问题:那些符合大自然的复杂性的政治思维形式到底可教不可教?目前是不常教的。在每一个世代,无数青年男女被政治吸引,因为他们的才智比同伴敏锐,同情心比同伴广泛。他们有的成为自由主义或帝国主义的信徒,有的成为科学社会主义或人权或女权的信徒。对于他们来说,自由主义和帝国主义,权利和原则首先是真实和简单的东西。或者,像雪莱一样,他们把全人类看作相同的个人的无穷重复,"千千万万的人""等待、坚定、身手敏捷、自鸣得意。"①

对于所有这一切,他们用我们连我们的政治语言一同继承下来的老的先验方法来论证。但是,过了一些时候,他们内心就开始滋生一种不真实感。复杂而艰难的世界的知识闯入了他们的头脑。像几位我曾经与之度过一个夜晚的老宪章主义者一样,他们告诉你说,他们的政治统统是"空话"——只说不做。他们当中,除了那些已经把政治当做职业或投机事业的人之外,绝少人能坚持

① 《雪莱诗作》,第4卷第8页。

到由于厌倦和失望而从新的知识获得新的信心。经过第一次失望以后，绝大多数人都求助于习惯或党性作为他们的政治见解和行动。既然不再把不认识的公民同胞当作一个简单类型的划一的重复，他们也就压根不再想到他们，而只满足于使用政党的一些关于人民群众的习惯用语，并体会到一些偶然结识的朋友的个别存在。

沃兹沃斯[①]的《序曲》清晰动人地叙述了一段心灵的历史，这段历史必然是千千万万不会写伟大诗篇、其理智力量被政治上的幻灭削弱和浪费了的人的历史。他告诉我们说，他在1792年法国大革命尚在开始阶段时所爱的那个“人”，在1798年发现仅仅是“头脑的作品”。经过失望痛苦和感情失挫以后，他看到了“个人……那个我们亲眼目睹的人”。但是，在那个从错误的总体单一化到仅仅着眼于个体的转变中，沃兹沃斯估计各种政治势力或帮助政治进步的力量也永远消失了。

要制止这种不断重复的失望，就必须在政治中推广定量方法，必须改变年轻的政治家进入的那个精神世界的词汇和联想。幸亏这种改变似乎至少已经开始了。每年都在积累更多和更精确的详细政治事实；所积累的详细事实要用于政治推理，就必须从定量角度加以使用。制定立法的脑力工作，无论是常任官员做的，还是皇家委员会或内阁阁员做的，定量的形式一年比一年增多，定性的形式一年比一年减少。

就拿目前的济贫法委员会采用的方法同1833—1834年拟订新济贫法的著名的、极其得力的委员会所采用的方法来比较吧。

---

① 沃兹沃斯(1770—1850)：英国诗人。——译者

老的那个委员会报告所使用的理论很容易被列入先验的演绎形式。凡人皆追求快乐，逃避痛苦。社会应力求使反社会福利行为受到痛苦，使社会福利行为获得快乐。要做到这点，可以使每个人及其子女的生计在正常情况下依靠他自己的努力，把那些不能做有益于社会的工作的穷苦人同那些能做有益于社会的工作的人隔离开来，并且让穷苦人从自觉努力或痛苦束缚两者择取其一。这种理论导致"一个我们觉得所有的人都承认，就连那些其实践与之不符的人也承认的原则，即贫民的处境大体上不应使之真正地或明显地和最下等阶级的独立劳工的处境一样称心如意"。这个先验的论据出色地用了许多由小组委员汇报或在委员会前举证的例子，说明劳动者除非给他们指出两条路，一条是饿肚子，一条是严格限制，他们就不会竭尽全力去干，虽然并没有试图对其性格和行为由每一例子代表的英国工人的百分比作出估计。

这个由特殊的例子说明但未证实的先验的推理是如此清楚和如此容易地为普通人所理解，以致这项影响到一切既得利益的1834年济贫法在下院以四比一的多数，在上院以六比一的多数获得通过。

另一方面，1905年的济贫法委员会虽然有不少委员受过1834年传统的训练，但为处理面前的众多证据所迫，不得不采取新的方针。委员们不再半无意识地假定人的能力在快乐和痛苦两个概念前完全依靠人的意志的作用，而是不得不将无数从量的角度观察到的与影响贫民及潜在贫民的意志有关的众多因素的事实制成表格并加以研究。例如，他们无法回避下列任务：估计健康状况（这取决于良好的环境）所产生的工业效果；估计希望（这可能由国家提供的老年福利实现)所产生的工业效果;估计远大目光(这是教育的成果)所产生的工业效果;以及将所有这些与未来的快乐和痛苦概念所产生的“纯经济”动机相比较。

换言之,委员会所搜集的证据不是为了说明已经用其他方法确立了的总的命题,而是为量的问题提供量的答案;所有的例证都按照一个熟知的统计规划积累起来,直到计算结果重复出现说明进一步积累已无意义为止。

1834 年,在处理济贫法的政治机器时,只消摆道理说,由于人人都谋求自身利益,纳税人会选举一些尽其所知促进全社会利益的保护者,条件是设立一些代表所有地方利益的选区,选举权则按每个纳税人利益的比例授予。至于设立的选区是新的还是旧的,当选者有没有其他任务,在当时似乎是没有多大关系的。

另一方面,在 1908 年,感到有必要探究可能在选举中影响纳税人或候选人心理的一切事由,并利用一切可以获得的证据来评估它们的相对重要性。例如,必须研究,在人们保持与议会选举及市议会选举有关的政治行动习惯的选区里,投票率是否最高;一次涉及除济贫法管理外其他问题的选举是否更可能在选民中引起兴趣。还有,如果一个选区一年中不止进行一次选举,从投票百分率可以发现选民对每次额外选举的热情会顺着一根急剧下降的曲线减退。

因此,委员会或议会就政府政策和选举机构作出的最后决定必须用主要是量的方法使所有这些和其他许多需要考虑的事情平衡起来。也就是说,这根最后与由证据表示的曲线相交的线赋予把担心未来作为发愤图强动机的重要性,或者赋予把个人健康作为提高个人效能的重要性，要比如果把两者中的任何一个作为唯一需要考虑的因素而赋予的重要性来得小。如果不是为了节省当选代表的精力，“官僚”将会比要求的多，如果不是为了保持公众的同情和同意，官僚将会比要求的少。在整个论证过程中，英国人民将不会被（如约翰·斯图亚特·密尔所说的）“按照平均数或总数”看待，而是被看作包含许多个别的人，这些人能按照他们的胆力和体力、“性格”以及对未来的各种想法影响他们目前行为的程度排列在“差异多边形”上。

再有，自从1834年以来，讨论济贫法报告的公众也发生了变化。如今，报纸撰稿人在讨论贫困问题时，不再使用诸如“穷人”、“劳工阶级”或“下等阶级”这类应用于整个社会阶级的笼统字眼，而是倾向于使用表达对各种差异的量的估计的字眼，例如“十分之一的底层阶级”或“不能被雇用者”，而每个报纸读者都对商业部月度报表中记录工会会员实际失业状况的季节和周期变动的统计数字相当熟悉。

关于政治思维里这种从质的论证形式到量的论证形式的转变，还可以举出其他许多例子。不过，也许只要举一个有关国际政治的例子就够了。六十年前，主权是一个简单的质的问题。奥斯汀[①]曾经论证说，任何地方都必须有个主权者，而主权无论在专制国家手里，还是在共和国手里，都必须是绝对的。但是，1885年为了防止瓜分非洲引起一系列像瓜分美洲所引起的战争那样长的欧洲战争而在柏林召开的会议，却迫于面临问题的复杂性，不得不按照量的

① 奥斯汀（1790—1859）：英国法学家。——译者

方针来解决主权问题。因此，自从 1885 年以来，大家都十分熟悉当时为了表达主权的等级而杜撰的名词："有效占领"、"腹地"、"势力范围"——阿尔赫西拉斯会议也许还增加了一个最低等级："合法志愿范围"。现在，决定某一特定地区是否是英国的领土，就像决定一根含有一定百分比的碳的棒应当叫铁或者钢那样，已经平凡之极了。

甚至在思考所观察到的政治事实的最细小部分时，有些人也不受忽视个别差异的诱惑。我认得一个人，他在为工业立法建立一个统计基础方面也许比英国任何其他人贡献更大，记得他曾经告诉我说，他用一整天时间把数千次"铁路事故"(每次事故的环境都和任何其他事故不同)分成几大类，而他感到自己就像《笨拙》画报中那个狼狈的搬运工，必须把大自然的种种精妙之物按照他的公司的不精妙的价目表予以安排。他引用搬运工的话说："猫是狗，豚鼠是狗，可这个乌龟是条虫。"

但是，必须经常牢记于心：量的思维并不一定甚至并不笼统地意味着按照统计数字来思考。数字抹煞标上数字的单位之间的一切差别，它并不是唯一的，甚至不总是代表各种量的事实的准确方法。例如，一张相片有时可能比一行数字更接近量的真实，更容易记住，更有利于论证和验证。我看到过的最精确的量的政治文件要算是一套进酒鬼收容所的女人的照片。照片比任何类似测量记录更精确地说明了身体组织和神经组织的种种变化。一个医生委员会可以容易地把照片按照一系列愈益严重的变态予以编排，并显示一个"边际"女人的照片，对于这个女人，在考虑到费用以及最好鼓励个人负责之后，国家应该暂时或永远予以收容。任何人看过这个记录都不会忘记。

的确，政治思想家有时必须模仿桌椅匠，桌椅匠在做一件特别精致的活儿时不用最精细的折尺而靠触觉进行量的估计。如果一群出身、教育和思想类型各不相同的人首先对一系列涉及诸如增加或减少国家干预的政策的可能结果大致达成协议，然后找出他们的“喜欢”在哪一点上变成“不喜欢”，一个政治问题的最精确估计也就出来了。人是人的尺度，即使他在每一情况下选择最不受能力不足影响的测量方法，他仍然是在使用定量的方法。但是，正是在数字估计不可能或不合适的情况下，政治家可能通过有意识地使用量的概念获得最大帮助。

曾有人反对采用隐含的或明确的量的政治推理方法，说是这样势必要使根本不相同的事物互相平衡。他们问，如何使包含在一场持久战中的民族荣誉的边际单位与被认为是其等价物的附加税边际单位平衡起来？如何使用在科学基金上的最后一个金镑与用在一位已故科学家的纪念碑或养老金计划最后一项细节上的最后一个金镑平衡起来？回答显然是：政治家必须干，干就会使他面对的一切可行办法获得平衡。财政大臣在年度分配补助金和减免税款方面所做的平衡工作，与一个在圣诞节有一二个金镑可花的老百姓到底是把钱用来订一份《中国传道》还是在厨房和餐厅之间安装一扇旋转门所做的平衡工作，性质上并没有什么两样。

一个更严重的反对意见是，在政治中不应该从量的角度进行思维，这样做会把一般的原则考虑断送掉。“逻辑原则”也许只是大自然的精妙之物的不适当代表，但是如果把逻辑原则放弃掉，就变成一个纯粹的机会主义者了。

在这些反对者的头脑里，从简单原则进行推理思维的唯一替换物似乎是标洛[①]公爵在德国国会就普选发表的演说中的看法。据报道，标洛说了这样一番话："只有最教条的社会党人仍旧把直接普选看作偶像和一贯正确的教条。他本人并不崇拜偶像，也不相信政治教条。一个国家的幸福和自由并不整个地或部分地依靠它的宪法或选举权的形式。倍倍尔[②]先生曾经说过，总的来说，他喜欢英国的状况甚于喜欢法国的状况。但是，英国的选举权并不是普遍、平等和直接的。梅克伦堡根本没有普选，海地则可以夸口拥有普选，而最近全世界的人听见不少关于海地的稀奇古怪的新闻。难道可以说梅克伦堡比海地治理得差吗？"[③]

但是，标洛公爵的演说表明，他若不是有意拙劣地模仿一种他不赞同的学究或推理风格，就是没有能力掌握量的政治思想方式的基本概念。如果普选权的"教条"意味着一切有选举权的人因而在一切方面都变得彼此一样，而普选权是好政府的条件之一，那时，也只有那时，他对普选权的攻击才是正确的。然而，如果普选权的愿望是基于这样一个信念，即大大扩充政权是好政府的最重要因素之一（其他还有种族天赋、行政责任等因素），那么，他的演说是完全没有意义的。

但是，标洛公爵是在发表国会演说，在国会演说中，那种深刻地影响各种会议和委员会议事程序的从质的方法到量的方法的转

① 标洛（1849—1929）：德国宰相和普鲁士首相。——译者

② 倍倍尔（1840—1913）：德国社会民主党和第二国际的创始人和领导人。——译者

③ 1908 年 3 月 27 日《泰晤士报》。

变还没有获得很大进展。在议会的正式辩论中，就连那些使我们最受感动的演说也往往使人想起格莱斯顿先生，在他的头脑里，一当他起立发言，他在伊顿公学和牛津大学所受的词语的训练就总是同他对事物的经验发生冲突，他从未说清楚，“自由和自治的伟大而永恒之举”，究竟是指某些因素在教会和国家每个问题上必定有巨大和持久的重要性呢，还是指一切好人都能够从绝对和权威的法则中推断出一切政治问题的先验的解答。

第二部分

进步的希望

第一章　政治道德

在前几章里，我论证说，政治学的效能，也就是预测各种政治原因的结果的力量，很可能会增强。我用两个事实作为我的论证的基础。第一，现代心理学向我们提供的人性概念比与传统的英国政治学相联系的人性概念真实得多，尽管也复杂得多；第二，在自然科学的影响和范例下，政治思想家们已经开始在他们的讨论和调查研究中使用量的而不仅仅是质的语言和方法，因此既能更充分地说明问题，又能更近似准确地解答问题。

在论证中，没有必要问政治学中这种改进会在什么程度上影响政治史的实际进程。发现真理的最好方法，无论人民群众信与不信，终归是最好的方法。

但是，正如亚里士多德所说，研究政治是“为了行，而不是为了知”，研究者迟早会扪心自问：我的学科中的变化对我在其中生活和工作的那个政治世界会产生什么影响？

例如，我们可以设想，一位刚在一次斗得不错但彻底失败的反对坦慕尼协会的运动中扮演“超然派”角色的哥伦比亚大学政治学教授可能会说：“政治学的方法愈精细，愈准确，对政治的作用就愈小。天文学家每年都发明更精巧的预测星球运动的方法，但却无法运用他们的全部本领使一颗星偏离轨道一英寸。因此，我们研究政治的人会发现，我们的知识越丰富，只会使我们越感到无能为力。我们也许能够根据我们的科学学会精确地估计报业辛迪加、高级酒店或者阶级、国籍和种族的盲目本能所发挥的力量，但是又如何学会去控制它们呢？我们确实是在用一种新方法思考这些事情，但是这并不能使我们在竞选中获胜或防止战争。”

因此，我打算在本书的第二部分阐明这些正在开始改变政治学的新倾向在何种程度上也能作为一种新的政治力量被人们感知。我将试着来估计这些倾向的可能的影响，不仅是对于研究者或有修养的政治家，而且是对于仅仅从第二手或第三手接触政治学的普通公民。本着这种意图，我将在以下各章中分别论述新倾向同我们的政治道德理想的关系，同国家的代议政体和行政机关的形式和作用的关系，以及同国际和种族理解可能性的关系。

本章从该观点论述新倾向对政治道德可能产生的影响。在使用政治道德这个名词时，我的意思并不是说某些出于政治动机而做的事情是道德的，出于其他动机是不道德的，反之亦然，而是要强调说明，有些道德问题只能密切联系政治学予以研究。当然，有些品格是各行各业共通的，比方我们人人都必须做到仁爱、诚实和勤劳，我们巴望伦理老师们帮我们这样做。但是每一个行业也有它特殊的问题，这些问题必须首先由它自己的研究者阐明，然后才能由伦理学家来处理。

在政治中，这些特殊品格问题中最重要的一个问题，乃是政治家据以形成自己的见解和宗旨的方法与他影响他人的见解和宗旨的方法之间的关系。

一百年甚或五十年前，那些为一个他们对之尚无经验的民主政体工作的人在这个问题上并不感到忧虑。他们不是把推理视为一个艰难而不确定的过程，而是看作当一个人遇到影响其利益的问题时头脑的必然和自动的运转。因此，他们想当然地认为：生活在民主政体下的公民在使用选票时必定受理智的引导；使别人最清楚地了解自己的结论以及结论所根据的理由的政治家是最成功的；如果选民有充分机会听取自由而真诚的讨论，好政府就有了保障。

今天，一个刚离开课堂踏上讲坛的候选人几乎肯定会从同样的想当然开始。

他在准备讲稿时心中坚信，选举的结果将取决于他所说明的政治原因与政治结果之间的关系。他的第一个震动可能来自于每一位专业选举干事对每一位候选人说了又说的格言："开会没用。"干事对他说，到会的人当中十个有九个本来就是他那个党的忠诚和习惯性的支持者。如果他的演说在逻辑上无懈可击，其主要政治重要性也不在于他说服那些早已被说服的人的本领，而在于他的支持者们由于钦佩他的演说才能而可能萌发更大的进行游说的热情和愿望。

慢慢地，他学会对他的演说和他的对手的演说扣动选民心弦的方式作出估计。比方，他可能会突然意识到自己打开装有其他候选人在某次他不大感兴趣的选举（例如贫民救济委员选举）中的演说词的封袋时的心情，发觉他对演说词要么根本未加注意，要么只注意到一些唤起某些习惯性思绪的词句。等他到了已足够自信或足够重要，可以为自己拟一份政治纲领的时候，他就懂得向大批选民发表的任何言论都必须受限制——提案只能在"实际政治范围内"提出，要简单、明了，精心地适应忙人的半有意识记忆及爱好。

所有这一切意味着他自己的政治推理力正在受到磨炼。他逐渐认识到，每一个人的利益、思想习惯和能力以及经历都和任何其他人不同，认识到控制政治力量的成功取决于懂得这一点以及仔细了解人性的种种共同因素。但与此同时，要相信他是在把他据以作出自己结论的同样的推理方法施之于听众，对他是越来越难了。也就是说，他倾向于把选民当作他的思想的题材而不是参与者。他就像柏拉图的诡辩学者一样，正在学会懂得公众是什么，而且在开始理解那头"巨大而强有力的野兽的激情和欲望，如何接近和掌握它，什么时候它变得最凶恶和最温顺，什么情况下发出几声吼叫，其他野兽发出的什么样的声音使它平静或者激怒"。如果他坚决防止自己从一个错觉转到另一个错觉的危险，他可能仍旧记得选区里不只是他一个人对政治作出过推理并正在作出推理。如果他亲自进行游说，有时会碰到一个中年工人，比他自个儿更接近生活真实，会发现他的这个选民已经耐心地和深入地对政治进行了三十年推理，他本人在那种推理中毋宁说是一条荒唐可笑的材料。或者，他会同一个商人交谈，不得不承认这个商人对他的提案的结果看得也许比他自己更透彻，但是愿望差异的鸿沟却把他们分开：一个人所希望的恰恰是另一个人所害怕的。

然而，无论这位候选人是多么真诚地看重投他的票或不投他的票的人当中较有头脑的人据以作出结论的方法，他仍旧容易感到他自己在竞选中扮演的角色同任何推理方法根本毫无关系。记得我第一次参加竞选之前，一位最老资格的政界朋友对我说："记住，你是在进行一次六星期的广告活动。"时间是短促的，有数不清的细小事情需要安排，候选人偶尔同个别选民进行思想交流之后，马上又恢复对全体选民进行的广告活动。只要他这样做着，所谓“在选民中决不使用最严谨的逻辑思维方法乃属大谬”这句格言（如果他有工夫想到这句格言）在他看来与其说是不正确不如说是文不对题。

过了一些时候，这位政治家甚至不愿再同他的选民讲道理，而终于把他们当作徒然有感觉和见解的纯粹非理性动物，他本人则是控制他们的纯粹理性的“超人”。正是在这个节骨眼上，一个坚定而能干的政治家成为最有效能和最危险的。博林布鲁克[①]在教他的“爱国君王”如何通过了解人来统治人时，说了一句令人难忘的话：“那个彻头彻尾的胆小鬼——人。”在达尔文之前一个世纪，他像斯威夫特[②]和柏拉图一样，能够以绝对的超脱把他的同胞当动物看待。他认为，他本人是“社会上少数人之一，这少数人几乎独占了人类的全部智慧，他们生下来就是为了教育、引导和保护人类。注定要成为人类的导师和保护者”。至于其余的人，“理智对他们绝少影响：妄想的一个转变，往往像一阵狂风那样猛烈和突然地决定他们的行为。”

博林布鲁克最杰出的弟子是迪斯累里[③]，他写道：“作为人类行为和人类进步里程碑的伟大成就，没有一桩应归功于人的理智。……人只有根据感情行动时才是真正的伟大；只有当他发挥想象力时他才是不可抗拒的。甚至摩门教徒拥有的信徒也比边沁多。”迪斯累里待维多利亚女皇“像一个女人”，而从未完全摆脱牛

① 博林布鲁克（1678—1751）：英国政治家、作家。——译者

② 斯威夫特（1667—1745）：英国讽刺作家。——译者

③ 迪斯累里（1804—1881）：英国首相，保守党领袖。——译者

津大学熏陶的格莱斯顿则待她“像一个群众大会”。

迪斯累里的本性无论多么厚道，他巧妙地利用他所统治的人民的本能在当时不少人看来却似乎在政治中注入了一种冷酷无情的因素，而在他的本性不太厚道的弟子伦道夫·丘吉尔勋爵[①]身上出现时，就似乎更加冷酷，更加无情了。但是，同样的冷酷无情现在经常发生，将来也许会发生得更多，只要一个人为了专心追求一个政治目的而不惜冲破拦在他路上的所有一切理智或道德常规，情况就总是会这样。记得好几年前，我曾经同俄国恐怖主义运动的一个领袖作过一次长谈。他说：“即使情况允许，同农民讲道理也是无用的。使他们受影响的是行动而不是言语。如果我们杀死一个沙皇，或者一个大公，或者一个大臣，我们的运动就变成一样实际存在的、值得重视的东西，否则的话，对他们来说，运动是根本不存在的。”

政治中有一个含糊的惯例，即除了讲道理，用任何手段影响同胞的意志都不光明正大。这个惯例在战争中是不存在的。拿破仑所说，“在战争中，人们都具有正义感，道义和舆论是胜利的一半”，就是这个意思。奇怪的是，当人们有意或无意地决定将那个惯例置之脑后时，他们不知不觉地就使用了战争的语言。二十年前，英国的社会党人经常使用“阶级战争”这个字眼来证明社会党应当采取巴涅尔[②]所发明的那些议会恐怖主义（对立于议会辩论）方法。1906 年，兰兹唐尼勋爵向上院建议不要推测自由党控制的下院提

① 伦道夫·丘吉尔（1849—1895）：英国政治家，英国保守党内有影响的人物。——译者

② 巴涅尔（1846—1891）：爱尔兰民族主义者，爱尔兰自治派领袖。——译者

交他们的议案的良好或不良行政效应，而只研究接受或拒绝这些议案在下次大选时对选民的心理影响，他不知不觉就用了个军事的隐喻。他说："如果我们进行辩论，就必须在尽可能对我们自己有利的基础上进行。在这件事上，我认为基础对本院不利，我认为关键是，即使我们暂时获胜，我们的胜利到头来也会落空。"[①]

因此，乍看起来，目前政治学正在发生的变化，其结果将是年轻政治家摒弃一切道德传统，而作为他们新的书本知识的结果，采取那些利用人性中非理性因素的方法，这些方法迄今一直是年长者和觉醒者的行业秘密。

例如，曾经有人告诉我说，有一小群妇女于 1906 至 1907 年在实际政治范围内提出了妇女选举权问题，其中有一个妇女曾在大学里受过严格的心理学训练，这些妇女采用的策略基本上是起因于她的这样一个口实：要使男人思考，首先必须使他们感觉。[②]

还有，数月前，一位也学过心理学的印度鼓动家钱德拉·帕尔[③]先生模仿兰兹唐尼勋爵的口气说："在把心理学原则用于研究政治问题的时候，我们认为重要的是……不应该做任何事情使政府成为一个对我们有影响的机构。因为如果政府变得温厚，变得可爱，如果它变成好政府，那么，我们脱离政府独立的证据就会逐渐消失。"[④]钱德拉·帕尔先生和兰兹唐尼勋爵不同，不久就被捕

① 英国议会记录（行业纠纷议案，上院，1906 年 12 月 4 日），第 703 页。

② 据报道，潘克赫斯特夫人曾在 1908 年 7 月 26 日出版的《观察家》中说过这样一段话："无论被称为妇女参政主义者的妇女是些什么样的人，她们至少懂得如何同公众取得联系。她们掌握了时代精神，学会了广告的艺术。"

③ 钱德拉·帕尔（1858—1932）：印度 1905 年民族运动领导人。——译者

④ 引于 1907 年 6 月 3 日《泰晤士报》。

入狱，但是他说的这番话却在印度产生了巨大的政治影响。

如果这种心理态度和基于这种态度的战术获得成功，那么，它们必然以愈益增快的速度传播；而且正如按照贸易中的格雷欣法则，劣币如果过多必然驱逐良币一样，在政治中，较容易和立时见效的宣传方法必然驱逐较难而效验较差的方法。

今天，人们不能光用知识能使人聪明这个说法来回答这样一个争论。在从前时候，依靠人只要学会了解自身就能使生活和行为臻于完美这一信念是很容易的。在达尔文之前，多数政治空谈家都习惯于描绘一种只要彻底实行他们的原则即可产生的完美的政体，例如柏拉图和莫尔的共和国、培根的阿特兰提斯岛、洛克的必须有意识地实现上帝意志的政府，或者边沁的奠基于“行为动力表”的功利国家。然而，我们生活在达尔文之后时代的人已经接受了一个惨痛的教训，就是决不能指望知识来引导我们臻于完美，无论这种知识是多么充实。现代的生理学者认为，如果他的工作获得成功，人的健康状况会比处于愚昧状态来得好，但是他并不梦想创造一个完全健康的民族；他总是准备发现他所难以控制的种种生物学上的原因使健康状况更趋恶劣。教育学作者如今也不再硬说他能在他的学校里培养出完美无缺的人物。如果我们的想象居然又重新走上乌托邦的老路，那只消记住，我们是其他动物的骨肉之亲，我们没有比亲属更多的权利来假设上苍已规定好我们只要寻求一种十全十美的生活就定能如愿。蜜蜂将来可能会意识到它们自己的天性以及在营造得井然有序的蜂房里浪费掉的生命和劳力。然而它们也可能懂得，被如此有限的观察和推理力所牵制，并被如此疯狂的热情所束缚的生物，是不可能拥有大大改进了的机体的。它们可能被迫认识到，只要它们是蜜蜂，它们的生命就只能是混乱、狂热和短促的。政治调查研究的对象是目前状况的人，是今后几个世纪人的生活组织中可能有的变化。几十个世代之后，我们也许会发现，这种调查研究所带来的政府的进步与通过选种这一冒险实验改变人类本身所产生的变化相比，是微不足道的。

但是，无论我们多么急于不存幻想地了解我们的生活真相，对任何没有根据的事不抱期望，我们还是可以从回忆中获得一点安慰，那就是，在政治历史有案可查的过去几千年中，人类在天性不变的情况下，已经在政体方面取得了巨大进步，而那些进步往往是在新知识影响下形成的新道德观念的结果。

我们知识的点滴增加对我们行为的最终和更广泛的影响，确实与它的即时的和较狭窄的影响大不相同，而且更加重要。我们每个人都生活在一个想象的天地里，这个天地只有一小部分应归功于我们自己的观察和记忆，更大一部分应归功于我们从他人那里学来的知识。诸如美洲的发现或较近天体的真正运动的确定在我们心理环境中所产生的变化，使人类在宇宙中所处地位的总概念受到了影响，这种影响最终证明比刺激探险家和提高航海技术的直接影响更加重要。但是，以往世界观的任何改变，其规模和重要性都及不上过去五十年里发生的变化，例如人及其环境的新历史回溯到迄今没有想到的年代，不断变化的世界的无限前景取代了空想的天堂乐园的完美，尤其是科学闯入我们内心最深处的领域。这类变化的影响确实往往来得比我们希望的慢。前不久，我曾和一个人交谈，他是那些当达尔文发表《物种起源》时刚开始智力生活的人当中最能干的一个。他告诉我，他和他的哲学家兄弟如何指望一切事物立刻就变得焕然一新，而随着岁月的流逝，他们又如何怏怏地承认失败。但是变化尽管慢，意义却是深远的。

至于我自己，我觉得达尔文的工作所开辟的新知识广阔范围的最重要政治结果乃是行为概念扩展到把目前大多数人未意识到或察觉到的对心理过程的控制也包括在内。我们的有意识行为范围是由我们的自我知识范围确定的。在人类知道怒是一样可以同发怒的自我分开来的东西之前，以及在发明一个名字使那种知识流行以前，控制怒不是一个行为问题。怒是发怒者本身的一部分，只能由其他感情，例如爱或惧的侵入所制止，爱或惧在延续时同样是自我的一部分。人类种族之能生存，端赖怒或惧或爱在合适的时候以合适的强度落到他头上。但是当人类给怒起了名字，思想能超越它，怒就进入了行为的领域。从此以后，在这一点上，人就能够要么选择半有意识地服从在过去进化史上证明有用的冲动的老路子，要么选择受考虑后果指导的完全有意识地控制冲动的新路子。

一个懂得恐惧的性质，并具有控制恐惧的能力的人，如果看到一块鹅卵石顺着湍急的河床向他一蹦一跳地冲过来，他会要么服从直觉的冲动立刻跳到一边，要么以行为代替本能，站在原地不动，因为他已经估计到，卵石再弹跳一下就会改向。如果他决定站着不动，也许会犯错误。事实可能证明，由于他的有意识推理能力差，直觉的恐惧冲动反而比推理过程更安全可靠。但是由于他可以选择，甚至服从冲动的决定也是一个行为问题。柏克深信人的政治推理能力与他们的工作完全不相称，因此毕生敦促英国人民循规蹈矩，亦即按照原则服从他们的习惯性政治冲动。但是柏克鼓吹的循规蹈矩因为是选择的结果，所以跟过去时代的盲目效忠有所不同。那些已经吃过知识之树的果实的人是不会忘记这些果实的。

在政治以外的事情上，那棵树的果实的影响正在我们的生活中进一步扩大。无论我们愿意与否，进餐时盲目服从食欲的老习惯总之已越来越受我们关于食物的数量和品种的生理效用的知识（尽管是不完善的知识）的影响。切斯特顿①先生像戏剧中的独眼巨人一样大声疾呼地反对那些使人类生活复杂化的人，叫我们"凭冲动吃鱼子酱"，而不要"凭原则吃葡萄核"。② 但是，由于学过的知识不会忘掉，切斯特顿先生只是在叫我们凭原则吃鱼子酱罢了。当一个医生知道心理暗示在治病中所起的作用时，可能会又恨又怕这种知识，但却摆脱不了。他发现自己在留意自己的话语、音调和姿势的非故意的影响，直至认识到自己是身不由己地在估计能据以产生这种影响的方法。过了一些时候，就连他的病人们也学会注意"医生对病人的和蔼态度"对他们自己的影响了。

由于在政治中关于人类的比较朦胧的冲动的知识正在传播（哪怕只靠一些流行的新名词），政治家和选民同那些冲动的关系正在发生变化。美国的政客们管某种专门受雇用的演说家叫"使听众入迷者"，这个名词马上通过报纸从政客那里灌输进听众的头脑。花两美元去坐在大厅里"入迷"的人体会到的确实是些陈旧的感觉，但是体会的方式截然不同。英国的报纸读者一旦听到"轰

① 切斯特顿（1874—1936）：英国评论家、诗人、散文作家和小说家，著有时事评论集《异教徒》，反映他在南非战争中坚决袒护布尔人的观点。——译者

② 《异教徒》，1905 年版，第 136 页。

动”这个词儿，可能试图每天早晨把他内心的最深处向低级小报那些受过训练的心理学家开放。他可能按照当天报纸的暗示憎厌德意志帝国六千万奸狡的无赖，为一颗到来的彗星战栗，为政府前座议员中的懦夫怜悯，或者担心一个女哑剧演员会放弃她的角色。但是他不能阻止意识深处存在一个注视着他的“感觉”并为此感到羞耻的自我。甚至现代小说和戏剧的迅速增强的心理复杂性也有助于使当代人与他们的情绪冲动的关系复杂化。正在阅读《埃文·哈林顿》或某一个读过《埃文·哈林顿》的作者所写的小说的年轻商人，在樱草会[①]或自由社会委员会举办的联欢会上同一位伯爵夫人握手感到快意，但是对自己的快意多少有点持批判态度。他的读过《绅士约翰·哈利法克斯》的父亲只消儿子情况下十分之一的恩赐就会神魂颠倒。一个在戏院里看过《约翰牛的另一个岛》的选民可能比他的只看过《肖劳恩》的父亲更加认识到一个人对爱尔兰问题的看法不但可以感知，而且还可以思考。

就这种变化扩大的程度来说，政治家今后可能会发现越来越多的选民半无意识地“识破”他们利用感情的手腕。

但是，自我知识的这种无意识或半无意识的扩大未必会自行与控制冲动的政治手腕的发展并驾齐驱。要使这种趋向奏效，必须有意地采用和反复灌输新的道德和理智概念——我们的感情和欲望可能依附的新的理想实体——来加强。

自从弗兰西斯·培根再一次找到亚里士多德的最佳思想途径以来，“科学”一直是这样一个实体。“科学”、科学方法和科学精神

---

① 樱草会：为纪念英国保守党政治家迪斯累里而成立的一个组织。——译者

的概念，是由少数学者一代又一代地建立起来的。起初，他们的概念只限于他们自己所有，其效果显示在他们实际获得的发现中；但是对于人民大众来说，他们和魔术师没有什么两样。现在这种概念已经传遍全世界。在欧美的每一个教室和实验室里，自觉的科学思想塑造了千千万万永远不能帮助产生这种思想的男人女人的意志和愿望。科学思想已经渗入自由或天赋权利等政治概念从未渗入过的非欧洲种族。喀土穆的阿拉伯工程师，日本军队里的医生、护士和将军，印度和中国的学者，都把他们的整个一生奉献给科学，孜孜不倦地工作；不仅英国、美国或德国的城市工人，就连意大利或阿根廷的农民也在学会尊重权威，并对那种随时可使收成增加一倍或制止牲畜中传染病蔓延的有组织研究方法表示赞赏。

不过，对于绝大多数人（即便在欧洲）来说，"科学"仅仅与他们身外可以用试管和显微镜来检验的东西有关。他们朦胧地意识到有一种意志的科学，但是那种知识至今还没有向他们提供行为的理想。

美国的政治家们的确比任何其他国家的政治家更成功地学会了从外部控制他人的无意识冲动的本领，但是近来那里有一些关于必须有意识地从内部实行控制的值得注意的言论。特别是有些曾在美国大学里学过科学方法的人目前正在试图把理智行为的科学概念扩充到政治上去。但是我觉得，他们的宣传不少是无的放矢，因为它采取了"理智"与"感情"相对立的旧的形式。例如，前不久，耶鲁大学校长在一篇动人的演说中说，"每一个发行一份诉之于读者的感情而非诉之于读者的理智的报纸的人……都在对我们政治生活最脆弱的一点施行攻击。"如果四十年前赫胥黎在探索自然过程中仅仅用这种方式宣传理智反对“感情”的话，没有人会听他的。人除非先激起感情，是不会甘心忍受“难以忍受的思想病”的，而科学概念的力量正在于它触动人的感情，从尊重、好奇和无限期望等感情中汲取思想的动力。

耶鲁大学校长的意思似乎是，人要理智，就必须变得没有感情。他最好还是重新读一读《共和国》里柏拉图论述国家最高宗旨的那段文章，国家的最高宗旨通过一种加强感情动力的“和谐”在人的心中实现，因为各种感情不再互相斗争，而是集中在理智所发现的一个目的上。

在政治中，把理智同感情对立起来加以宣传确实特别无用，因为人类的感情不仅为政治思想提供动机，而且还确定政治判断中必须使用的价值尺度。在试图理解这一点的时候，也许因为从通行的语言中得不到什么帮助，只好求助于柏拉图爱用的“艺术”的比喻。在音乐中，好的和差的作曲家的区别不是一个诉诸听众的理智而另一个诉诸听众的感情。两者都必须诉诸感情，因此两者都必须深刻地体会听众的感情，并强烈地激发自己的感情。他们的成功或失败所系的条件决定于我们心灵中一些他们所无法改变的东西。不过，一个用廉价的技巧只打动听众的一部分心灵，而另一个则打动听众的全部心灵，要求那些听他演奏的人的理智暂时沉浸在强化和净化了的感情中。

但是，除了单纯宣传之外，如何才能在政治动机中推广这种理智与感情、思想与冲动和谐一致的概念呢？人们想到教育，尤其是科学教育。但是，研究者要把理智行为概念从实验室推广到群众大会必须具备想象力，而这种想象力却是不常有的。如果把科学教育的一部分用来如此这般研究科学家的生平，既揭示他们的发明，又说明他们的心理经历，如果年轻的生物学家认真阅读达尔文与莱尔[①]之间的通信（当莱尔为了一个尚未澄清的真理打算放弃他的巨大名声所依赖的结论，并中止他最强烈的宗教信仰时），那么，这种想象力就可能较多地存在。

但是，绝大多数学生如果要学习理智行为概念所依靠的事实，就必须更直接地学。我个人认为，关于心理学一些已有定论的事实的极简单的课程，如果耐心地教的话，任何稍许受过科学方法训练的十三四岁儿童都是可以理解的。例如，威廉·詹姆斯先生的《心理学原理》中论习惯的一章，只要文字稍加简化，完全能够被他们掌握。再有，城市里的儿童如今生活在层出不穷的广告的心理艺术中，能够很容易地使他懂得，为什么当大人打发他去买一块肥皂时，他会倾向于买广告做得最大最多的那种，这种倾向同那种极可能导致买高级肥皂的心理作用有什么关系。理智任务概念必不可少的知识基础可以在学校里通过学习有关更深刻的心理经历的纯文学进一步扩大。十二岁的儿童能理解卡莱尔的《彭斯论》，只要认真地在课堂里读，六年级的学生则可以从沃兹沃斯的《序曲》学到不少东西。

不过，精心教授人天性中感情的和理智的东西以使人把理智和感情的协调想象为一个道德理想，对于这个问题还需要进行认真的思考和观察。例如，性的本能在所有文明国家中正在日益成为认真思考的题目。在性的领域里，以考虑后果为基础的行为正

① 莱尔（1797—1875）：英国地质学家。——译者

要求对纯粹冲动采取愈益增强的克制。但是，没有人能保证说，他已经想出办法在青春期前或青春期内讲授有关性本能的赤裸裸的事实而不过早地刺激性本能本身。

再者，医生们越来越认识到营养不仅仅依靠食物的化学成分，而且还依靠食欲，我们能够意识到自己的食欲，并在某种程度上用意志加以控制和引导。不久前，威廉·麦克文爵士在《英国医药杂志》上说过这样一句话："我们要好好地消化吃进去的食物，就必须轻松愉快地从享受角度对食物表示热烈欢迎。"但是，要通过教学来创造威廉·麦克文爵士所暗示的那种理智和冲动的协调却非易事。如果你告诉一个孩子说，食物之所以有益健康，是因为我们喜欢它，因此我们有责任喜欢那种我们天性的其他因素使之既有益健康又讨人喜欢的食物，你会发现自己除了使他觉得好笑以外，一无所获。

所以，就政治感情而言，说教师必须首先使学生意识到那些感情的存在，然后增强它们的力量，最后使它们受对政治行为结果的慎重推理的控制，是极其容易的，但是在学校的实际教学条件下实际做起来却难到极点。艾克兰先生 1893 年任教育大臣时曾在夜校章程中加进了一个"公民生活与义务"教学大纲。它详细说明收税员、警察等在社会生活中发挥的作用，每一部分都穿插一个教训，如"光为个人利益服务是不够的"、"好政府需要热心公益精神和智慧"、"投票选举需要诚实"、"投票既是权利又是信任"。几乎每个学校出版社都赶印出一本关于这个题目的教科书，许多教育委员会都鼓励它的推广；可是这个实验经过慎重试验后却公认失败了。新的教科书(所有这些书当时都由我审阅)恐怕是曾经在书架上占有一席之地的书当中最无价值的，含有各种教导和训诲的课文没有引起学生丝毫兴趣。如果要使我们的少男少女像苏格拉底的学生一样深深地被国家这个概念所打动，教师和教科书的编著者们显然必须以类似苏格拉底对真理的热爱以及他的辩证法的严格精神对待他们的工作。

还有，如果儿童在幼年仍然要在学校里学习威尔斯先生称为的"祖国意识"，那么，我们通过回忆雅典可以获得成功所系条件的暗示。儿童在心里记住伦敦的百万人口以及臭水沟的长度，是不会学会热爱伦敦的。如果要用文字激发他们的爱，这种文字必须像《俄狄浦斯·科隆诺斯》中称颂雅典的合唱词一样优美。但是这种文字只能出于对他们所写的东西有切身体会的伟大诗人之手，在我们能有一位爱伦敦犹如索福克勒斯[①]爱雅典的诗人之前，恐怕必须使伦敦本身变得更美些。

不过，最容易激发儿童感情的不是文字，而是景物和音响。因此，要使儿童爱祖国，就必须要么让他们欣赏祖国最壮丽的景物，要么让那些景物在他们心头呈现。一个公共建筑物或一次仪式要使儿童无畏的眼睛留下难忘的印象，必须像伊普尔或布鲁日[②]的建筑物或日本的仪式一样真正令人难忘。幸亏社会生活的美好方面不只是体现在建筑物和仪式中的，没有一个温切斯特儿童在兰特波特贫民窟访问多林神父归来后会无动于衷，尽管儿童的眼睛看个人动机中真正的东西比看华丽外表中真正的东西更敏锐。

① 索福克勒斯(前 496—前 406)：古希腊三大悲剧作家之一，今存世之作有《俄狄浦斯·科隆诺斯》等七部悲剧。——译者

② 伊普尔和布鲁日均为比利时的著名风景胜地。——译者

成年政治家在有意识地强化自己政治感情道路上遇到的困难更为微妙。一个在伦敦教育委员会毕生从事教育工作的人告诉我说，当他对自己的工作感到厌倦，当报告里的文字变成仅仅是文字，统计表上的数字仅仅是数字的时候，他总是动身到一个学校里去，细细观看一个个班级里学童的脸，直到工作又来劲儿为止。但是，对于一个准备做这种试验的人来说，甚至"感情"这个词也是危险的。开足马力干活的工人向往的是宁静和平和的而不是猛烈和骚乱的冲动，他的干劲的感情刺激一旦形成以后，也许在极大程度上应该处于完全自觉的水平以下。医院里的外科医生被一长排病床的景象和声音所刺激，如果只看到少数几个病人送到他房里来，工作会提不起劲。但是他在工作时间唯一意识到的就是治病救人这个宗旨，大脑、眼睛和手的半无意识冲动都和谐地集中在这个宗旨上。

多数成年政治家意识到新的罪恶可能比意识到新的美德得益更大。例如，有一天，"舆论"这个词本身可能被公认为最危险的政治罪恶的代名词。人们可能借助习惯和联想教会自己去怀疑那些在他们不动脑筋的情况下莫名其妙地钻进他们头脑里的倾向和信念，而这些倾向和信念只要其来源未被追究，任何一个被雇用来制造的聪明的组织者都能制造。世界上最容易统治的国家乃是居住着一批不信奉国教的商人的国家，他们在生活中从来不进行政治推理，一发现自己头脑里有一个强烈的政治信念，就宣称那是个"良心"问题，因此不在怀疑或考虑的范畴之内。

但是，可能有人会问，认为柏拉图的"灵魂和谐"概念——感情与理智两者因自觉协调而强化——能成为现代国家总政治理想的一部分，岂不是空想吗？在日俄战争之前，恐怕多数人会回答是。现在多数人会回答不是。日本人在某些方面的理智道德概念显然比例如法国人差。例如，我们听到过不少事情，证明在日本大学里，思想自由并不总是获得重视。但是，在备战年代以及战争年代中，日本人的兼感情和理智而有之的态度中有一种在欧洲人看来是崭新的东西。拿破仑坚决反对那些把事物看作他们希望是的事物的“空想家”，在他本人屈服于他自己的幻想以前，将他们化为了齑粉。但是我们把拿破仑的洞察力归之于自私。在日本这个国家里，每个士兵在战争中都超过拿破仑，都比拿破仑更加决心不是看到伟大的原则或突出的传统，而是看到铁的事实；然而他们的爱国主义热情却比甘必大[①]还炽烈。其中一个原因可能是日本人遗传的组织性，但更可能是他们的心理环境的影响。他们对科学概念表示由衷的欢迎，这个概念是首先在欧洲得到详尽阐述的，目前依然在同一些旧的观念作斗争。对日本人来说，科学是同天理联合而且确实是融为一体的，自从他们通过中国从印度学会天理以来，天理永远是他们的各种宗教的基础。因此，他们养成了一种宿命论的而非听天由命的人生观，使绝对服从造化与不懈地思考和行动结合起来。

人们希望，在西方国家，宗教的感情传统和哲学传统与科学所引进的新的理智任务观念之间能发生同样的融合。这种融合将会产生巨大的政治影响。但是眼下这种希望尚难实现。在整个基督教界，旧信仰与新知识之间不可避免的冲突，恐怕不仅在宗教的结

① 甘必大(1838—1882)：法国总理，第三共和国奠基人之一。——译者

论与科学的结论之间，而且还在宗教的心理习惯与科学的心理习惯之间产生了分歧。今天的科学家不再梦想从一位英国主教那里学会一条规律（就像他们的前辈从巴特勒主教那里学会行为盖然性学说）——信仰决不可固定，必须永远向新证据的最小征象开放，在必须行动的时候，要坚决按照不完善的知识（如果那是可以获得的最好的知识）行动，就像按照最完善的论证行动一样。最新的一道梵蒂冈通谕的方针不会让更多的修道院院长像门德尔[①]修道院院长那样在多年耐心观察中为机体进化得出一个新的生物基础。在政治中，心理习惯的作用远比接受或拒不接受教条或证据来得重要。当一个英国教士坐在早餐桌前阅读《泰晤士报》或《邮报》时，他对当天新闻的看法不是取决于他相信或不相信就不抵抗和贫穷发出某些训诫的人是上帝本人，而是取决于他所受的留心自己见解的起因的训练程度。事实上，詹姆森博士关于约翰内斯堡袭击的声明像号角一样激动了多数教士，而关于最近的一位社会党议员不是正人君子的暗示则在他们当中产生了一种真正厌恶和失望的情绪。

因此，新的理智行为理想可能要等从许多方面涉及我们生活的心理态度发生更大变化后才能在政治中产生有效影响。总有一天，理智和感情协调一致的概念将会在我们道德意识的最深处取代目前可憎的混乱和无益的争斗。当那一天来临后，政治中许多现在不可能的事情都将变为可能。政治家不仅能够控制和引导自身的冲动，对其性质了解得更充分，而且还能使听众理解他的目

① 门德尔（1822—1884）：植物学家，修道院院长。——译者

的。那时，大臣和议员们将会从日本最好的官方报纸那种我们听来非常奇怪的质朴的语言中找到最有力的表达方式，而公民将学会像日本军队期望他们的将军那样期望他们的议员殚思极虑，只有那样，人类才既成为自然的仆人又成为自然的主人。

第二章　代议政体

然而我们对政治冲动的原因以及有效政治推理的条件的愈益丰富的知识不仅可望改变我们的政治行为的理想，而且还会改变我们的政治制度的结构。

上文我已经指出，产生了当今绝大多数文明国家在其下生活的体制的民主运动，乃是由一个纯粹理智的人性概念所激发的，这个概念正在年复一年地变得不真实。因此我们可以问，如果代议民主是在对其作用的条件的错误认识下实行的，那么它的实行本身是否就是一个错误呢？

任何一个摈弃传统民主哲学而为代议民主辩护的人在回答这个问题时都只能从头做起，研究代议制打算达到什么目的，这些目的对于好政府必要到什么程度。

第一个目的大致可以用“同意”两字来说明。代议政体的实质在于依靠相当一大批人民的定期更新的同意：所需要的同意的程度可以从单纯接受既成事实到宣布多数公民作出的、政府必须予以解释和服从的积极决定。

因此，实行代议民主究竟是否错误这个问题又引出了社会成员的同意是否是好政府的必要条件这一先决问题。对于这个问题，柏拉图（在古代政治哲学家中，他的观点最接近当代心理学家的观点)毫不犹豫地回答:否。在柏拉图看来,一个稳定的政体竟必须以转瞬即逝的民意为基础,是不可思议的。因此,他郑重其事地建议他的理想国的公民们要生活在那些靠“拼命工作”而获得隐藏在现象背后的现实知识的人的专制统治之下。孔德写作之际正值现代科学开始显示力量,他实际上也提出同样的建议。H. G. 威尔斯先生在他的一个真挚而勇敢的推测中也师法柏拉图。他描绘了一群饱学的科学家自发地成立一个贵族政府,用暴力推翻了代议政府而建立的乌托邦。他在一段明显受柏拉图的形而上学影响的话里诉诸“觉醒和受启发的人在表面世界的欺骗和爱国心、怨恨和人身攻击背后组织起来的全面运动”。[①] 迹象表明,英、美两国有越来越多既渴望社会改革,又对民主经历深感失望的思想家可能“回归柏拉图”,把它作为职业政客冷酷地操纵人民冲动和思想的替换办法;这个问题一经提出,无论我们现有的思想习惯,还是我们对民主传统的忠诚,都不能阻止它获得充分讨论。

对于这样一种讨论,我们英国人,作为印度的统治者,能够提供比现代文明条件下曾经尝试过的任何其他无需同意的统治经验更加丰富的经验。英属印度文官组织约有一千名训练有素的人。他们是在这样一个制度下选拔出来的,这个制度保证他们几乎所有的人都不仅智力超群,而且还属于一个(尽管有某些智力上的限制)统治能力极其强的种族;与此同时,他们在近似专制主义的制度下统治一个大陆,在那个大陆里,人数最多的种族尽管头脑敏

① 威尔斯:《现代乌托邦》第263页。“现代国家选举产生的民主政府没有一个不能在五分钟之内被粉碎。很明显,无数重要的公共问题上无集体意志可言,一般人头脑里除漠不关心外一无所有;选举制度仅仅把权力交在最精明老练的竞选者手里。”

锐，却缺少统治能力的证据。

然而，我们在印度进行的试验表明，一切人，无论挑选得多么仔细，训练得多么到家，还是不得不居住在“表面世界”。英裔印度文官在工作时间实行水利工程、林业或防止饥荒计划时，可能生活在一种科学气氛里，远远离开他那个地区村民的嫉妒和迷信。但是，判断一个专制统治者不仅仅是看他选择政治手段的效率，而且还要看决定他选择的目的的人生观，而英裔印度人的人生观不是受一千年后历史将证明的英属印度问题的限制，而是受小的政府所在地内日常生活的种种因素（包括恼人的风气、狭小闭塞的社会以及一个异己的、可能敌对的种族的持续存在）的限制。我们确实还没有严格执行柏拉图的体系，没有用选择英裔印度官员的同样方法来为他们选择妻子。但是，即使我们这样做，一位夫人对内文逊先生说：“对于我们这些在印度的人，一个亲土著的人干脆是个十足的外来者。”这位夫人恐怕仍旧是具有代表性的。

一个甚至更重要的事实是，由于英裔印度文官统治的那些人也生活在表面世界，他对一切涉及民意的问题的解决方法的选择甚至比他如果是国内一位党派政治家更彻底地不是依靠本来面目的事物，而是依靠能使之看上去是的事物。因此，我们的许多高级官员总是把大英帝国在东方的战术放在心理基础上而不是放在逻辑基础上加以考虑。我们控制“德巴”[①]，发布公告，枪杀无辜，并在对付列强时坚持对我们的权利作出自己的解释，一切都离不开“对土著心理的道德影响”。还有，如果极端帝国主义作者和谈话

① 德巴：印度土邦君主等宫廷的正式接见室。——译者

者暗示的事情有一半是真的，那些认为必须不惜一切代价维持我们统治地位的人往往对印度人与穆斯林之间的种族仇恨和宗教仇恨表示欢迎，如果不是火上浇油的话。

因此，理智与民意之间的关系问题将至少像存在于柏拉图的专制政体一样地存在于最彻底的民主政体。休谟在他的《政府本原》中有一段深入人心的话："政府只建立在民意之上；这个原则既应用于最自由和最得民心的政府，也应用于最专制和最渎武的政府。"当一位沙皇或一位官吏觉得自己在统治时必须反对一种随时都能创造一个压倒一切的民族目的的模糊的民族感情时，人类的逻辑本性就被最无情地利用。于是独裁者就成为最无耻的煽动者，挑起种族、宗教或社会仇恨或者对外战争的欲望，比民主国家中一张最下流报纸的老板更肆无忌惮。

柏拉图以他惯有的冒失面对这个困难，建议他的共和国应该以宗教信仰一劳永逸地获得国民阶级的忠诚。共和国的统治者们必须建立和传播一个他们自己无需信仰的宗教。他们必须对人民撒一个"冠冕堂皇"的谎；这种救治办法就它对他们的统治的特性的最终影响来说可能比它要医治的病更糟。

但是，即使承认未经人民同意的统治是一个复杂和丑恶的过程，并不就此可以说经人民同意的统治永远是做得到的，或者代议政体是唯一可能或永远最可能获得同意的方法。

由一个被人们习惯性地服从，本身由于习惯而防止暴政的首领实行统治，在文明某些阶段可能胜于任何其他可行办法。代议制即使在能够实行的时候也并不是一个永远不变的实体，而只是一个能有无穷变化的权宜之计。在当前的英国，我们给年满二十一岁，在同一地方居住满一年的男子以议员选举权，并按地区划分的选区列入选举名册。但是在年龄、性别、资格和选区以及赋予议员的政治权利这一切方面，是可能会有变化的。

确实，如果出现一个不是受芬伦[①]和爱尔维修[②]的训练，而是受种族心理学训练的当代边沁，他的天才和耐心的最充分发挥莫过于发明这样一种宪法上的权宜之计：在大英帝国一些地方实行恰如其分的同意的统治，在那些地方，人们能自己思考政治问题，但是英国议会体制在那里却行不通。例如，在埃及，据说在一般地方性选举中，只有百分之二有选举权的人前往投票站投票。只要情况是这样，代议政体就决计实行不了。缓慢的教育过程可能提高选民的百分比，但是与此同时，那些懂得埃及人或阿拉伯人的思想感情方式的人，肯定会找到其他方法来弄清当地老百姓的模糊的愿望，并使政府的政策多多少少倚重这种愿望。

在印度，发明这样一种宪法上的权宜之计的需要甚至更为迫切，印度政府本身显然已经认识到这点。不过，莫利勋爵及其智囊的发明创造力目前似乎并未超出将英国上院的模式照搬于印度以及组织一个“名人顾问委员会”的范围；其结果可能是我们在同农民打交道时向孟加拉的世袭收税员请教，在管理工厂工人方面向孟买的工厂主请教。

在英国本土，尽管政治发明永远大有可能，新知识给我们政治体制带来的变化却可能沿着缓慢地起作用的、已经看得出的倾向

---

① 芬伦(1651—1715)：法国圣职者、思想家、文学家。——译者

② 爱尔维修(1715—1771)：法国哲学家、启蒙思想家。——译者

所规定的路线进行。

例如，在过去三四十年里，联合王国制定了一系列法律，每一条法律同其他法律没有什么有意识的联系，但是从整体看，却表明政府如今不但要控制弄清选民的决定的方法，而且还要控制该决定据以作出的更复杂的方法，这样做不是为了哪一种舆论团体的利益，而是由于相信正确思想方法的总效用以及通过控制来巩固这些方法的可能。

要了解这种变化的性质，最好是把它同陪审团裁决形成过程中所发生的类似的、然而较早和远为彻底的变化作一比较。陪审团审问就其起源来说，纯粹是一种从普通人那里听取他们对每个案件的真实意见的方法，而这些人的诚实是以宗教制裁为保证的。至于这些意见如何形成，皇家官员是管不了的，皇家官员的任务只是把陪审员召集起来，让他们宣誓，并把他们的裁决记录在案。因此，英国的陪审团可能是按照雅典的陪审团同样方式发展起来的，也由于同样的原因而消亡。陪审团的人数可能会增加，各方可能聘请律师为他们书写或递送状子，状子中歪曲事实，制造偏见，犹如德摩斯梯尼[①]的《演讲录》中的一样厚颜无耻。证人激动得涕泪交流可能比他们说出真话更加重要，最后的裁决可能在一个迅速退化为乌合之众的人群中举手表决。如果这样一种制度沿用到今天，报纸在每一重大案件中都将各自偏袒一方。每张报纸都对案情有不同看法，最有力的论据要保留到判决前夕才见报，被告的命运将往往取决于严格根据本党路线投的一票。

① 德摩斯梯尼（前 384—前 322）：古雅典政治家，雄辩家。——译者

但是，在英国的陪审团审判中，经过一系列细微的、已被遗忘的变化，陪审员的意见已不再形成于审判开始之前，而是在法庭上形成。因此，意见据以形成的方法越来越彻底地被控制和演变，直到它（不是仅把裁决记录下来）成了裁判的特征。

如今陪审团在整个审案过程中是同他们的同胞隔离的。他们被引入一个新的感情价值的世界。法庭的仪式、法官和律师的嗓音和服装全都表明一个环境，在那个环境里，日常生活的琐碎利益和冲动与真理和正义的最高价值相比，是不重要的。他们受到警告，要他们把心中一切先入为主的推理和感情统统去掉。对证人的讯问和盘问按照举证规则进行，这些规则是悠久经验的结果，使不少陪审员生平第一次上了一堂课，知道人的头脑里没有经过观察、不受控制的推理极容易犯错误。"我说"、"我想"、"他说"等平常推理材料在法庭上是被排除的，因为它们"不是证据"，证人必须把他们记忆中的所见所闻简单地陈述出来。

原告和被告的证人，如果他们是好心人，往往会惊奇地发现自己把待裁决的诉讼说得头头是道。律师的辩护技巧多少有点受职业习惯以及法官权威的限制，他们互相向陪审团指出对方的错误时十分小心谨慎。新闻记者不得入陪审席，法律规定不许对审讯中的案件加以评论，违者以藐视法庭罪论处。法官做总结工作，详细地说明对争端进行有效推理的条件。并告诫陪审团要防止那些经验证明最容易发生的非理性和下意识推理。陪审员于是退庭，脑子里全都装着同样的经过简化和分析的证据，全都被敦促用同样的思维方法形成他们的结论。因此时常发生这样的事：十二个通过抽签选出的人对一个问题会作出完全一致的裁决（如果在法庭外面，他们对这个问题会有极大的分歧)，而那个可能取决于其难度使老练精干的法官委决不下的罪行的问题的判决在一般情况下都是正确的。一次组织有方的陪审团审判期间的英国法院确实是个实验室，其中有效推理的心理规则由实验说明；一旦那些规则无法执行，就像在美国某些州和市快要发生的那样，陪审制度本身也就崩溃了。①

与此同时，陪审员审判目前是实行得相当少的，这既因为这种制度作用慢，开销大，又因为人如果经常被召去当陪审员就当不成优秀陪审员。为了使刑事审判获得人民的支持，为了使法律不至于被不公正地用来保护统治阶级或统治者的利益或政策，大多数文明国家都明文规定：任何人非经陪审团裁决，不得判处死刑或长期徒刑。但是，绝大多数其他司法裁决现在不是由抽签选出的人，而是，至少在理论上，由因为特别胜任这项工作而入选的人作出的。

根据陪审团审判的这种发展情况，现在我们可以来检查一下自从 1867 年改革法案颁布以来联合王国选举法所进行的一系列试验性改革。早在 1867 年以前，大家就承认国家不应当过分强调个人自由原则，以致对候选人可能施加于选民的动机不闻不问。很明显，如果容许候选人公开行贿，整个代议制马上就会垮掉。因此，反对行贿的法律在几个世代里一直载入法令全书，这方面唯一需要的是在 1880 年大选丑闻发生后努力使这些法律生效。但是，一个有钱的候选人可以不同个别选民作讨价还价的交易，而径自

① 关于陪审制度，参阅威尔斯先生的《发展中的人类》第七章，他建议在许多行政案件(那儿政府最好能获得人民同意的支持)中使用陪审团。

在竞选中大把大把地花钱，既使他本人大受欢迎，又制造一种印象，似乎他同选区的关系对行业大有好处。因此，1883 年的反行贿法对议员竞选中每个候选人的支出规定了最高限额。按照 1883 年的同一法令以及此前和此后许多应用于议会选举和市选举的法令，一切种类的恫吓，包括以死后报应相威胁，都在禁止之列。任何徽章、旗帜或乐队的费用均不得由候选人或者替候选人支付。为了使政治见解不受较简单的口腹快感的影响，任何竞选集会都不得在习惯性出售食物或饮料的场所举行，即使该场所只不过是一个接待室有茶水供应的合作社大厅。

诚然，现行反行贿法代表的毋宁说是国家日益增强的控制选民意见据以产生的条件的宗旨，而并非是实现该宗旨的成功措施。今天，英国任何一次选举的开支越来越大的一部分是由选区外的团体承担的，名义上不是为了使哪一个候选人当选，而是为了宣传它们自己的原则。有时候，如果它们退出的话，它们支持的并尽可能使之受义务束缚的候选人反倒会如释重负。它们的代理人通常是候选人的战斗组织的一个组成部分，它们在一次竞选中的全部支出往往是由候选人向中央基金作专门捐助加以补偿的。谁都知道，这种做法是明目张胆地钻反行贿法中那些限制竞选费用并禁止出钱雇用游说者的条例的空子，虽然至今尚未有人提出任何计划予以制止。但是众所公认，除非把整个竞选原则放弃，否则就必须制定新的立法；罗伯特·塞西尔勋爵已经谈到一项“严厉而涉及面广的反行贿法”的必要性。不过，一项法令要严厉得能够有效地制止目前竞选伎俩的翻新，就只能根据涉及新的、从未想到过的干预政治宣传自由的方针来制订。

一百年前，任何一个选区的一次竞选可能热火朝天地持续三四个星期，在那段时期内，选民的心境一天比一天不适宜对他们投票的可能结果进行认真思考。现在，没有一次选举可持续一天以上，我们可能很快就颁布法律，规定大选全部投票都必须在同一天进行。目前，在甚至持续几周的大选角逐的狂热中，报社外的数字逐步高升，入夜闪光灯通明，政党俱乐部里群众欢呼或叹气，这一切不仅是浪费精力，实际上还阻碍了有效的政治推理。

在关于投票的讨论中，还产生了一个更棘手的心理问题。一个选民在作出一个经过认真思考的热心公益的决定以后，是记名投票好还是无记名投票好？绝大多数边沁的信徒都赞成无记名投票。鉴于人是按照他们的快乐和痛苦观念行事的，鉴于地主和雇主们能够不顾任何禁止恫吓的法律而将“邪恶”的动机加之于其投票意图已为人所知的选民，无记名投票似乎是功利主义的必然结果。不过，约翰·斯图亚特·密尔（他的全部哲学生活在于逐渐发展起来的对功利主义哲学的厌恶，最后只在名义上对功利主义加以支持）却反对无记名投票，其理由真正意味着放弃整个功利主义观点。密尔说，如果把快乐和痛苦的观念等同于那些可总结为赚钱或赔钱的经济动机，说这些观念是促使老百姓投票的主要原因，哪怕在记名投票制下也是不正确的。“一千次中只有一次，例如在和平或战争的情况下，或减税的情况下，他可能会想到，如果他投票支持的一方获胜，他一年的开销将可节省几镑或几先令。”事实上，他投票是按照是非观。“他的动机，如果是个正大光明的动机，是希望做得正确。我们不打算管它叫爱国主义或道德原则，以免给选民的心情抹上一层不属于它的庄严。”但是，当我们知道我们是在众目睽睽之下投票，是非感是加强了，而不是削弱了。“这样，由于促使一个人老老实实地投票的真正动机基本上不是一个徇私的动机，而是一个社会性的动机，要决定的问题就是：与一件事相联系的社会情感以及做这件事的社会义务感，是否能够和这件事如果是秘密做的，做的人既不因为无偏私而受赞美，也不因为作风卑贱自私而受指责，同样地强烈。但是这个问题一提出就解决了。既然一个人生活中所有那些与对他人义务有关的事情如果公开出来和受到批评，一般都有助于这个人改进行为，那么不可能唯独在选举议员这件事情上由于不公开出来和不受批评而干得更好。”①

今天，几乎整个文明世界都已实行无记名投票，因此密尔好像是错了，尽管与坚定不移的功利主义者相反，他对一般人的动机的说明是正确的，他还是错了。但是密尔虽然很快就不再是原来意义上的功利主义者，却始终是个唯理智论者，他在无记名投票这件事上犯了把政治冲动作过分理智和逻辑的描述这个老错误。人在政治行为上的确不是仅仅根据证券交易所物质上有利和不利进行估计的。他们一般是根据对政治行为的良好结果或不良结果的模糊推理形成模糊的是非感。如果选举和陪审团审判一样，这种推理可以通过一个在思想者头脑里留下一个基本信念的过程形成，而且可以在宗教和公民道德的庄重气氛下表达，其力量由于公开宣布而增强，密尔所谓的“一个人生活中所有那些与对他人义务有关的事情”（比方偿还因打赌或赌博而欠下的债务或待亲戚公正）

① 《给读者的信》，1865年4月29日，署名约·斯·米，亨利·罗米利在其《公共责任与无记名投票》小册子中作为密尔的话予以引用。

就是如此。但是，在现行选举条件下，一系列往往由报纸或传单的半有意识暗示产生的想法与感觉到的事物相比，是软弱的。除了直接的恐吓之外，游说者的嗓音、朋友的兴奋、对手脸上得意的神色，或者村长的隐隐不赞成的表情，全都比一个人头脑里得出的朦胧的、不确定的结论强有力得多。因此，无记名投票使思想有最充分的发挥机会，游说者至少必须在选民头脑里制造一种尽管朦胧然而真诚的信念，而不是靠操纵瞬间的冲动而获得一个许诺，选民因为作了许诺只好怯生生地当众履行。

考特尼勋爵是公共生活中密尔的硕果仅存的信徒，眼下正致力于开展一个赞成“比例代表制”的运动，在这个运动中，我觉得，老的唯理智论误解又改头换面地出现了。他建议解决两个困难。第一，在现行“单投票”制下，在任何单名制选区内，如果有二个以上候选人，少数人就可以选举他们的人当代表；第二，某些自己思考而不是让政党领袖为他们思考的公民——例如自由贸易工会主义者或高教会派自由党人——照例没有代表他们自己见解、他们可投票支持的候选人。因此，他建议选票上应列入各大选区的候选人名单，每个选区选举六七名议员，曼彻斯特作为范例选举八名，每个选民都可在选票上按照优先选择次序画记号。

照考特尼勋爵所说，这个做法“能摆脱目前束缚自由思想的桎梏，能使男男女女站起来，坚毅不屈，独立不羁”。[①] 但是他使用的种种论据似乎有一个致命伤，就是完全着重于民意据以查明的方法而忽视了民意据以产生的方法。如果在巡回审判期内，全体陪

① 考特尼勋爵1907年3月22日在斯托克波特技工协会的演说。

审员被组成一个大陪审团，在全体律师都发过言，全体证人都经过盘问以后，如果他们对一切案件统统表决“有罪”或“无罪”，裁决的确不会再依靠各个陪审团的偶然组合，但是形成裁决的过程将在很大程度上变得无效。

比例代表制协会主要依靠的英国试验是一次假想的选举，于1906年11月通过协会会员和协会同情者以及八家报社散发的选票进行。“选区应选出五名议员；十二名候选人都是政治家，他们的名字是一般报纸读者所熟知的，他们可被认为是各种不同意见的代表。”十二名候选人的大名是：艾克兰·胡德爵士、坎贝尔·班纳曼爵士、托马斯·惠特克爵士、休·塞西尔勋爵以及理查德·贝尔先生、奥斯汀·张伯伦先生、温斯顿·丘吉尔先生、霍尔登先生、基尔·哈迪先生、阿瑟·亨德森先生、博纳·劳先生和菲利普·斯诺登先生。总共收到了12 418张票。

我是12 418票之一，就我来说，选票是在一个晚餐会结束时分发的。对各位候选人没有进行讨论，唯一的例外是，我对阿瑟·亨德森先生有点记忆不清，因此向旁座的人小声提了个有关他的问题。我们都是搞政治的，这十二个名字几乎统统属于圣诞节特刊漫画家希望读者认出他们的脸的那一小群四五十个人。

在晚餐会上，从唯理智角度假定名单上的名字“对于我们”就像对于“他们本身”一样，这并没有什么不实之处。但是，发给一位普通选民的一张普通候选人名单“对于他”却不过是一张印有黑色标记的纸，他拿着这张纸要么什么也不做，要么照人家吩咐的做。

比例代表制协会似乎假定报上将进行充分的预备性讨论，不仅名字和政纲，就连选择某一个人当候选人以及这位候选人的政纲的全部项目的理由也都会让“一般报纸读者”知道，读者被认为就是一般公民。但是，现代报纸财产是集中掌握在资本家手里的，他们可能利用他们控制的报纸为赤裸裸的金钱目的服务，即使我们无视其中包含的政治危险，所谓每个人都阅读或可能阅读一张矢忠于单独一个候选人或宣传一个小政治团体的报纸也是不尽然的。人们看报是为了看新闻，由于采访新闻的费用十分昂贵，十分之九的选民只看少数几张鼓吹笼统政党原则的老牌报纸。这些报纸，至少在大选中，只报道政党领袖在其中作为正式报道题材的那些竞争，直到选举当天发布“投票须知”总指示为止。选择候选人的工作是由报纸交给地方党组织做的，如果要使一个候选人的品格或其政纲的细节为一般选民真正了解，这项工作还得由每个选区的地方竞选委员会来做，也就是开会、游说和散发“竞选材料”。考特尼勋爵的建议即使仅仅把普通选区的规模扩大六倍，有效竞选的难度至少也增加六倍，即使每个候选人准备在每次竞选中花六倍的钱，也不能使他的声音的传布范围扩大六倍，或者使他一天中能够对之讲话的集会的数目增加六倍。

这些想法是我亲身经历了英国历来最近似比例代表制的一次选举后所产生的。1870 年，弗雷德里克·卡文迪什勋爵劝使下院对教育委员会选举实行“复投票”制。我在伦敦教育委员会选举中曾三次作为候选人参加竞选，在另外两次中作为政治工作者参加竞选。在伦敦，法定规则是十一个大选区中每个选民可投五六票，每个选区应分配同样数目的席位。在地方上，一个市镇或教区分配五至十五个席位。选民可以把自己全部选票投给一个候选人，也可以任意把选票分配给任何几个候选人。

这样，伦敦和全国各地组织者就有两个选择。他们可以把每个选区的政党候选人名单搞成像美国的“列有候选人名单的选票”那样面熟的东西，并鼓励全体选民按照党的路线投自由党或保守党“八票”、“五票”或“三票”。如果他们这样做，就可以省去郑重其事地教选民了解名单所列各候选人的品质的麻烦。要不，他们也可以取消复投票法，通过自愿安排把选区分成许多单名制区，用数周时间使每个单名制区的一位党的候选人为众所知。第一个方法是伦敦以外的地方普遍采用的，从政党观点看，效果就像法国的“对成批名单投票法”一样好坏都有。第二个方法是伦敦所采用的，也许倾向于使伦敦的选举更注重每个候选人的品质。无论政党领袖采取哪一种方法，选民几乎都照办不误，唯一的例外是组织有方的罗马天主教徒，他们只投教会的票而不投个人的票，还有就是那些把全部选票投给教师或学校管理员专门利益代表的人。

如果考特尼勋爵的建议被采用于议会选举，“列有候选人名单的选票”制由于政党感情强烈，将会被普遍使用。每个选民进投票站时领取一张复制的选票，上面按照他的党组织的决定标有 1、2、3 等数字，选民进站后把这些数字抄在未标明数字的正式选票上。也就是说，按照考特尼勋爵的方案，政党策略主要依靠的因素不是以这种或那种方式把选票最后加起来，而是选民必须在选举时把许多名字按次序排列，而根本来不及等这些名字在他头脑里化作具体的人。

1907 年 4 月 30 日考特尼勋爵在上院就他的市代表议案二读发言时，把他提议的方法与伦敦市议会选举所采用的方法相比较，按照后一种方法，每个选区分配一定数目的席位，选民可以对所有候选人每人各投一票而不必指出优先次序。伦敦市的选举机构的确是美国以外全世界任何地方最糟的。我面前放着我党的投票卡，指示我在我目前所在市最近一次议会选举中如何投票。我的选区有六个席位，十五位候选人。我按照党组织的指示给六位候选人各投了一票，六人中没有一人我曾经见过。假使只有一个席位比方说三位候选人，我至少可以充分了解一位候选人的情况，多多少少独立地投上一票，而当地的党委员会也肯定知道我和其他人会这样做。这样，每个党都会散发候选人的一张相片和一份关于他的竞选纲领的书面说明，也会有一个选择一个卓有名望的人当候选人的强烈愿望。但是我没有工夫对十五位候选人形成真正的看法，这十五人根本没有主动说明自己的情况。因此，我只好把票统统投给了党的候选人，参加市选举的人当中，三十个人中恐怕有二十九个都是这样做的。要是由于某种原因，党委会在候选人名单中放进一只美国式的“野狗”①，那我也会投野狗一票的。

按照考特尼勋爵的方法，我应当以同样的选票、同样多的了解投票，但是必须从我的党发给我的卡上抄下不同的数字。也就是说，根据一张长选票上的每个名字都代表一个全体选民熟知的人这个假定，考特尼勋爵所提议的制度与伦敦市现行制度有很大的差别。但是，如果根据名字只不过是名字这个事实，那么，两种制度的作用直到计票为止是没有什么了不起的差别的。

如果一次选举的唯一目的是查明选民中愿意投各个政党组织提名的候选人的票的准确百分比，并把它记录下来，那么，考特尼

① 野狗：美俚“无耻小人”。——译者

勋爵的方法可以整个地采用。但是,英国的经验,还有美国更悠久的经验表明,所提名的候选人的品格至少和他对党的忠诚一样重要,一个由选择得当、大致代表民意的代表组成的议会,要胜于由一些选择不当的代表组成的议会,这些选择不当的代表,就其党的标记而言,引用考特尼勋爵的话,却是“社会的精华、典范、缩影和反映”。

对考特尼勋爵来说,可作广泛选择的多名制选区,以及可充分利用那种选择的选择选票制[①],两者同是他的计划的重要组成部分,这个计划不久就将获得认真讨论,因为议会由于工党崛起和晚近“三角”竞争剧烈之故,马上就得处理这个问题。到那时,就可以有兴趣地看到,关于选举的新的、量的和心理的思想方式日益取代老的、绝对的和理智的思想方式到底能否提高到足以使下院把两者加以区别。如果是这样的话,他们会采取可转移选举制[②],以克服“三角竞选”的困难,同时保留单名制选区,使一位候选人的品格能为全体选民知道。

对选举方法进行思考的另一个结果是:1888 年以来,议会在改革英国地方政府体制方面大大减少了选举的次数,其公开宣布的目的是提高选举效率。1888 年和 1894 年的两个地方政府法取消了改进委员会、殡葬委员会、教区委员会等好些选举。1902 年,单独进行的教育委员会选举被取消,贫民保护人委员会选举肯定

① 选择选票制:选举者可在选票上注明对被选人的优先选择次序的选举制度。——译者

② 可转移选举制:选举人在选票上注明,如无人以绝对多数当选,则他的一票转投给某人的选票制度。——译者

也马上就要取消。1894 年设立的、标志着自由党恢复旧的民主思想方式的农村教区委员会是失败了，要么被废除，要么不起作用，因为不给它们真正的行政权。但是，撇开农村选区不谈，“市”的居民很快就会只参加议会选举及市议会选举，而伦敦或其郊区的居民只参加议会选举、郡议会选举或市议会选举。平均一年不会要求选举一次以上。

在美国，人们注意到同样一种向集中选举发展的倾向，把集中作为增强选举责任的手段。在费城，我发觉采取这种集中方式是由于心理上犯了一个根本性的量的错误。由于改革者只考虑到节约政治力量，却忽视了政治知识的局限性，许多选举都合并在一天进行，以致我看到的费城“一揽子选票”，上面密密麻麻印着一行行候选人名字，共有四百个之多。这对费城政治人员的影响是明显而可悲的。不过，在其他美国城市，集中往往表现为取消许多选举产生的委员会和官员，而代之以单独一个选举产生的市长，市长靠由他任命的委员会治理全市；由于指望市长的人品在选举期间为全体选区知晓，提名者必须郑重考虑。

人们还注意到，下院在就 1907 年上院关于有权在他们认为对自己有利的任何时刻强制举行大选（或公民投票）的要求进行辩论时所显示的以量的和心理学的选举观点代替绝对的、理智的选举观点的愈益增强的倾向。例如，赫伯特·塞缪尔先生论证说，这个要求如果获得通过，将会使富人的选举力量在政治上占到更大便宜，因为富人可以在上院精心选定的日子直接地并通过控制报纸采取行动。罗伯特·塞西尔勋爵反驳说：“那是什么样的对‘人民意志’的批评！”他认为塞缪尔先生没有按照托马斯·潘恩的哲学捍卫民主有点不合理，因为否则他就可以用坎宁[①]的方式来回答了。目前两院之间的争吵确实可能向人民控制政治意见的产生方法前进一步，以定期举行的大选代替目前在全国骚动时突然解散议会的做法。

但是，在选举过程中，就像在其他许多事情中，人们不敢奢望理智态度中这些缓慢而半无意识的变化足以说明解决我们日益增加的困难所必不可少的机构已大有改进并将贯彻到底，除非以一个有意识的目标使它们加快。在上次伦敦郡议会的竞选中，我必须在投票结束前半小时待在一个非常穷的选区的投票站里。我眼睛注视着投票结束前一片吵嚷中必然有点不正常的活动，心里却在琢磨我要写的这本书。进来投票的人是双方游说者"最后一次行动"的结果。他们一个接一个迅速而杂乱地进入室内，仿佛被一台超快失灵的机器推向前去。其中约半数是妇女，戴着破草帽，脸色苍白，头发蓬乱。所有的人都神情迷惘，手足无措，都是在糊火柴盒、锁扣眼、制造蹩脚家具的时候，或在小酒店喝酒的时候，或者因为是星期六晚上的缘故，被从床上拖起来用马车或汽车运送来的。在这陌生的环境中，他们多数人似乎在拼命记住刚才大门口提醒他们应投票支持的那个名字。有几个人喝醉了酒，其中一个显然是我的支持者，他一把搂住我的脖子，给我讲了一桩超出他语言能力的耸人听闻的事儿。我求胜心切，自以为已经胜券在握，但是当时我的主要感觉是强烈感到这绝对不是为一个五百万人口的城市建立政府的哪怕差强人意的办法，只有自觉地、坚决地面对形

① 乔治·坎宁(1770—1827)：英国首相，托利党人。——译者

成政治见解的整个难题才能有所改进。

可以做些事情（也许在不久的将来就能做到）来消除英国竞选活动中一些丑恶的现象。酒店在选举日应当关闭，既防止酒醉和草率从事，又创造一种比较严肃的气氛。可惜我们不能像法国那样在星期日进行选举。如果在星期日选举，选民就可以经过二十或二十四小时休息再来投票，即使当着游说者的面也会有坚持自己思考的力量，而目前游说者的冲天干劲必然操纵刚做完一天工作的人们的疲乏的神经。与星期日的宗教用途下意识地相联系的道德责任感对思考也大有裨益，即使反对教权最坚决的人也愿意冒星期日选举会增强教会政权的风险。英国的基督教安息日，尽管有基督教创建者的记录在案的反对，仍然受史前禁忌的传统干扰，难以用来履行最神圣的公民职责，这种情况今后可能改变。另外还可以给投票站增添一点法院式的庄严气氛，如果没有更合适的房子，至少可以把目前使用的肮脏的教室打扫装饰一下。但是选举日外部环境的改善无论多么令人满意，却只能收到很小效果。

有些作者争辩或暗示说，一旦人类实现社会平等，选举过程中的一切困难就会迎刃而解。他们认为，到那时，目前那些富有的人既不会有选举舞弊的动机，也不会在选举上花过多的钱，而目前被剥夺选举权或政治上不活跃的妇女和工人则会在政治中注入一股新的动力。

如果我们的文明能垂诸永远，社会肯定会有更大的平等。人们将不再继续死心塌地地居住在大城市里，那里的条件非任何敏感的人（无论是从这些条件占便宜的，还是吃亏的）所堪忍受。但是，任何了解政治情况的人都不会相信，更大的平等或选举权普及能够收到把政治组织中的道德和智力方面的困难一扫而光的直接效果。

单单英国关心政治的人数目的增加本身就会带来一个新的和困难的政治问题。英国积极从事政治，也就是除投票选举外还参加其他政治活动的人，目前还是极少数。不久前，我要在一个竞选大会上讲话，但是弄错了开会地点，来到伦敦北面一个陌生的地方，只好逢人就打听会场或党委办公室在哪里。我有好半天一无所获，最后总算有一个正在回家去吃午茶的马车夫告诉我说，他住的那条街上有一个卖牛乳的人是“搞政治的，可能知道”。伦敦有七十万选民，而一位最有资格了解内情的人告诉我说，真正参加各党选区年会的只有不到一万人，各种党协会的会员只有不到三万人。政治工作被分配给一批专门的热心分子（被不少邻居当作好心的爱管闲事者）去做，这种分工在英国多数地方不及在伦敦来得普遍。但是，据我所知，在英国任何一个郡里，真正积极参加政治的人数都不到全体选民的百分之十。

我认为，迹象表明，这种现象很快就会改变。英国初等教育法是 1870 年通过的，小学到 1880 年可以说已卓有成效，1880 年入学的人，当时六岁，现在已经三十四岁。报纸和廉价书的生产和销售以及免费图书馆使用的统计资料表明，英国年青一代工人阅读的书报比他们的父辈多好几倍。这一点，再加上各城市脑力活动普遍增多，在社会问题日趋严重的条件下，极可能使人们对选举的兴趣大大增强。假使事实果然如此，目前在地方选区内主持英国三大党事务的少数工作人员就会发觉自己陷入无数个坚持要在挑选候选人以及制定政纲方面出一份力的支持者的重围。这样一来，每个地方党组织的委员会、执行委员会以及官员的任命方法将变得更加复杂。议会将和美国的许多州一样不得不制订一系列法令来防止政党内部管理中的欺骗行为。老百姓将会比现在更清楚地认识到，有效地行使选举权不光是选举当天在选票上画画记号，而是要积极参与任命和控制党委会的工作，对于这项工作，许多其见解对国家极其宝贵的人眼下是本能地敬而远之的。

但是，关心政治从极少数人扩充到大多数人所引起的最严重的困难，与其说是政治机器方面的，不如说是政治动机方面的。令人惊讶的是，早期的英国民主主义者认为个人利益是政治的唯一动力，竟想当然地(没有认识到这种想当然的性质)说，一个当选议员如果任期很短，必然会感到本身的利益与社会的利益完全一致。[①] 目前有为数甚多的人，其想象力和同情心足够敏锐和丰富，愿意为公众利益从事无报酬的竞选和管理工作。但是，每一个选举组织者都知道，这样的人的数目从来不够需要，而议员的报酬尽管能使目前被关在门外的好心人挺身而出，同样也使不太高尚的动机变得更加有效。行政工作和立法工作集中于内阁之手虽能节约时间和精力，却使下院年复一年变成更乏味的场所，最近议员们常常对我深表忧虑，唯恐下院的人员会严重蜕化变质。

就两个老党来说，主要的直接危险是，由于竞选费用日益增加，立法对商业和金融的影响日益扩大，越来越多的议员和候选人将从“强干”的公司发起人和金融家当中产生。另一方面，工党现

① 詹姆斯·密尔：《政府论》(1825 年)。“我们已懂得用什么方法可以防止议员中产生一种与选择他们当议员的人们的利益不同的利益，那就是，不给他们充分时间可以不遵照那些人的意愿行事。”(第 27 页)

在可以吸收充分数量真正热心公益的人，它在这方面的困难不在于意料中的人的自私，而在于工人阶级生存的社会和智力环境。在过去二十年中，我曾经同不少英国做政治工作的工人打交道，有几年是接连不断，后来是断断续续。我感到，他们基本上有一个极大的便宜，就是生活中一些实在的事情对他们本来就是实在的。比方说，在英国就和在欧洲大陆一样，"有阶级觉悟"的工人是防止欧洲大战恐怖的主要支柱。但是，随着他们人数和责任的增加，我认为，他们必须学习大规模代议政体的智力条件的一些相当深刻的教训。城镇工人生活的天地里是很难选择朋友的。如果他是自大狂气质（成为政治家的正是这种人）就只能在车间里找伙伴，在公共住宅里找邻居——这些人都生活在他鼻子底下。因此，他的存在所必不可少的社会美德就是愉快地容忍人性的一般缺点。他十分清楚自己做工的地位不可靠，习惯于帮助人和被人帮助，极不愿意使任何人"丢掉饭碗"。他的父母和祖父母读书甚少，他是在一个没有几本书的家庭里长大的：如果他长大后自己也不读书，不是他直接观察到的东西对他来说就相当虚幻模糊，对不懂的事情很容易多疑。另一方面，如果他成年后才开始读书，文字和思想对他就容易有一种抽象和概括的性质，同他的日常生活格格不入。

现在，政府所需要的美德首先是习惯于懂得我们从书本中推断出其存在的事物就和我们亲身感受的事物一样地重要，例如，从一张候选人名单中找一个合适的人，并用衡量一个他曾经在前一天见过并对之喜欢或同情的人的同样标准来衡量一个从未见过的人；或者以完全不偏不倚的态度就一项从地图上知道的地区与天天见到的地区之间的改良措施作出决定。如果一个当选治理一大片地区的代表让他的亲朋好友和自己的好恶左右他的决策，他的亲朋好友和他的好恶就会被那些别有用心的人策动和利用。同样的困难产生于纪律问题，受一位官员无能之害的千千万万无名者的利益必须与这位由于受处分或撤职而受损失的官员的利益相抵消；正如一个工人必须使广大消费者的利益与他对自己工友的同情相抵消的无数事例一样。

这些事实所产生的政治危机目前在议会工党中还不太大。被选送进议会的工人至今照例都是一些智力超群、道德高尚并有丰富政治经验的人。但是，任何一个旨在实现社会平等的计划，其成败主要都决定于实施该计划的地方机关，而工人阶级只能输送一些能力和经验都较有限的人到这些机关中去。我本人在许多选举产生的地方机关做过工作，从来没有一个机关的多数工作人员是挣周薪的。但是我同不少工作人员谈过话，他们当中工人阶级和中产阶级出身的都有，他们所说的话证实了我从切身观察得出的结论，即在这样一个机关里，既能看出高度的热心、同情和工作干劲，又能看出在处理局部利益和执行官方纪律方面很难维持较高的标准。

在这种机关里，许多人都不懂得，一个好心肠的人处理他个人开支的方式（例如因为一个相当不中用的零售商人家庭人口多而继续作成其生意，或者由于不愿被指摘存心不良而不对账目表示怀疑），如果在使用公家机关的大宗款项方面也依法炮制，将会造成不堪设想的后果。迹象甚至表明，好心而非恶意地随便使用公款（这在美国曾造成极其悲惨的后果），极容易被那些其赐予和接受个人恩惠的习惯已变成蓄意欺骗的人非法利用。两年前，西哈姆一个贫民救济委员因被控贪污而自杀。《星报》派记者去调查，这位记者写了一篇专栏文章，其中说："他的去世使本地区失去了一位不知疲倦的公益工作者。他把全部闲暇时间都用来为郡议会、贫民救济委员会和自由党的利益服务。"据称"他的一个朋友"对《星报》记者说："你们轻而易举就能了解他的菩萨心肠。济贫院的贫民们将永远怀念他。"[①]当你吃力地读完有关美国市政府贪污腐败的大量证据以后，"菩萨心肠"这个词语会使你不寒而栗。

英国合作社运动和工会运动的早期历史充满了这些可悲的失败事例。两种运动说明一种新的和更有说服力的理想可以缓慢地形成，但是这种理想不会不费力气地自动实现，要使它永远行之有效，就必须每代人自觉地进行有组织的思考。

这些困难过去主要是由民主主义的反对者指出的。但是民主主义要获得成功，这些困难就得由民主主义者自己来坦率地研究，正如造桥的是工程师而不是根本反对造桥的渡船主。工程师的任务是计算材料所能承受的张力，他要提高他的计划的安全系数，就必须把增强材料的化学手段以及缩小材料的张力的结构变化当作同一个量的问题中的多种因素。所以，那些希望提高民主主义的安全系数的人必须具备寻求真理的精神，既要估计每个公民的政治力量在一定时期内能被道德和教育的变化增强到什么程度，又要估计在民主结构中维持、扩大或发明那些能防止对公民过高要求的办法的可能性。

① 《星报》，1906 年 11 月 28 日。

第三章　关于官员的思考

不过，很明显，在任何可以想象的代议制下当选的人，光靠自己是担负不了全部政府工作的。

如果所有的选举都在其规模足可使候选人获得充分供应的单名制选区内进行；如果选举的次数可以使政治工作者在历次竞选运动中有适当的间隙进行休息和思考；如果每一个选举产生的机关有一个大得足可实行有效管理的地区、议员人数足够进行委员会工作而不是多得妨碍讨论、任务又重要得足以证明竞选的精力和金钱没有虚掷，那么，联合王国现人口选出的最理想的代表人数应为大约二万三千名，或每二千人口不到一名。①

这个百分比主要根据选民的心理因素，这些因素即使会改变，也改变得非常慢。目前，政府要做的工作的数量正在迅速增长，而且看来还要继续增长。如果是这样的话，每个工作单位可以得到的当选官员人数必然趋于减少。联合王国目前当选的官员人数（包括例如农村教区的教区委员以及伦敦市参议会）当然比我估计

① 这个数字我是这样计算出来的：把联合王国分成平均人口十万的单名制选区，这样下院共四百四十席，此数比现有的六百七十名来得方便。另外每个市区人口也是十万人，大的城市可有几个议员选区，小的城市像目前一样是独立的市区，虽然只是一个议员选区的一部分。每个市区的地方议会平均五十人。

的多，尽管已为1888、1894和1902年的各项法令大大减少。不过，由于地区和权力仍旧分配得不太经济，它代表的实际工作力量要比我提出的计划所提供的力量差。

另一方面，1901年人口普查报告所公布的联合王国中央政府和地方政府的雇员（陆、海军除外）总数为十六万一千人。这个数目自1901年以来无疑正以愈来愈快的速度增加，包括每星期工作时间比一般选举产生的人平均至少多四倍的人。

这二万三千名选举产生的人与二十万非选举产生的人之间应该有什么样的关系呢？首先，选举产生的人可不可以随意任命非选举产生的官员呢？安德鲁·杰克逊时代的大多数美国政治家以及今天的许多美国政治家都认为选举产生的地方或州的参议员和众议员有权提名地方的联邦官员，把它作为从民主原则推断出的必然结果。他们承认这个方法可能有一定的危险，但又强调这种危险是整个民主方案的必然现象，而民主总的来说是利大于弊。

我们英国人的政治逻辑从来没有像美国人的那样单一，我们对它的信念也从来没有像美国人那样坚定。因此，绝大多数英国人认为让官员的效率取决于个别议员的声望是不可靠的，而且并不觉得这样想就是不忠于民主思想。在1906年的大选中，至少有两个英格兰选区（一个是自由党选区，另一个是保守党选区）选出的候选人是不合格的，这在多数人心目中已为法庭上提出的证据所证实。这两个选区在各方面都同一般选区没有什么两样。事实是大家都清楚的，每个选区都有少数热心公益的选民试图同时投几个党的候选人的票，但是两位候选人却都以绝对多数票当选。克罗伊登市在社会和智力方面都高出一般之上，但是杰贝兹·巴尔福先生在因诈骗被判劳役监禁以前一直充当克罗伊登市的代表。在这三个例子中，没有人曾希望由议员来任命他选区内的邮政局长或国内税收员。

但是，尽管反对由议员来任命官员的立场十分清楚，选举产生的人在任命官员方面应起何种作用的问题却困难得多，要讨论这个问题，首先必须研究在任命之后，官员和议员的相应职责是什么。我们打算使当选代表在宪法理论上和事实上都成为政权的唯一基础呢，还是希望非选举产生的官员发挥一定的独立影响？

英国人虽然在传统上害怕官僚主义，但是现在多数人却愿意采取后一种办法，这个事实乃是我们的民主体验的最惊人结果。我们看到，一次选举的裁决所必须倚重的证据正在一年比一年更难以搜集和提供，而且选民越来越难直接观察这些证据。我们不愿意完全依靠党派观念强的报纸或竞选传单来了解情况，因此我们已开始重视（即使是单单为了这个原因）一个负责的和多少独立的行政机构的存在。过去靠鼓吹宣传这类政治方法讨论的问题，现在完全依靠官方统计资料，其中时间相隔之短是难以想象的。现在我们知道，在乔治三世在位之初，英国的人口以空前的速度增长，但当时却就人口究竟是增长还是减少这个问题进行了激烈的政治论战。1830 年春天，下院两党用三个晚上就国家状况进行了乱哄哄的辩论。辉格党人认为灾难是全国性的，托利党人（事实证明他们是对的）则认为是地方性的。在 1798 年或 1830 年，能参加这种讨论的“公众”最多恐怕不过五万人。1903 年以来，至少有一千万人参加了目前的关税改革争论，而要不是有贸易部的统计表，两党至少表面上必须使论据与统计表的数字一致，那场争论很可能会变质成为吵架。

如果英国不存在官方统计数字，或者如果这些数字没有权威或不配享有权威，那么，就某个过于专门、非普通选民个人所能判断的问题进行的怀有私心的、不老实的鼓动在短短数年内所能造成的政治危害程度就很难估计。举例说，假定我们的行政机构效能低下，或者被认为是受政党的势力操纵，而一场有组织的和欺骗性的"通货运动"突然发生。一个有势力的报纸辛迪加发表一系列大肆渲染的文章，称英格兰银行的特权以及黄金储备法正在"扼杀英国的工业"。两百家报纸的内容提要海报一哄而起，天天大骂"垄断者"、"金蛀虫"、银行报告的"谎言和欺骗"以及"萨默塞特郡议会雇用的伪证者"。控制辛迪加的资本家集团可能会借助发行一种较"弹性"的通货赢得巨额钱财，并向自由货币同盟捐助大宗款项，这个同盟包括少数几位因受专业经济学家轻视而耿耿于怀的真诚的纸币理论家。一位有魄力的著名议员——或许是个名声不太好的贵族、或许是个同工党运动有瓜葛的人，迄今一直为人惧怕，谁都不信任他——觉得机会来了。他自封为运动的领袖，痛骂目前领导着保守党、自由党和工党的"老顽固"和"自大狂"，依靠报纸辛迪加以及"自由货币同盟"捐款的帮助开始控制各个地方组织，并通过这些组织控制了目前处于在野地位的那个党的中央机构。

这样一场运动，如果只受到竞选对方的反对，谁能保证它不会获得成功呢？哪怕它提的种种建议完全是欺骗，它的领袖极其愚蠢或极其恶劣，只有通过使国内三分之二诚实的政治家声名扫地并代之以"骗子"、"贪赃枉法者"、"受贿者"以及美国政治学已为其取名的其他不法分子才能掌权。普通选民——菜农、煤气工人或水彩画家——又如何靠他自己的知识和推理力来鉴别“改革家”和“金融专家”向他提出的关于黄金储备与纸币发行正确比例的五花八门的主张呢？他的良心也不会是比他的判断更可靠的指导。自由货币同盟可能成立一个“基督教服务队”，选民的良心可能被一个围着白围巾的演说家激发，这个演说家陶醉于自己的口才，自以为真心诚意，把布赖恩先生十多年前从另一个人那里借用的“人类被钉在金十字架上”这句名言也搬了过来。在乐观的情绪下，人们可以依赖一张信任织成的网，有了这张网，每一个人在自己不了解的问题上可以信任一个秉性老实和消息灵通的邻人，这位邻人经过几重关系又信任另一位修养高的思想家。但是，在我们广大的非地方化城市人口中，能有这样一张私人网吗？

正是对这种危险的担心，就和对特权阶级的纯粹自私的担心一样，使欧洲至今保留着过去非选举产生的政府制度的残余，例如英国的上院以及意大利或挪威的君主。人们觉得政治上需要有一个第二基地，这个基地的人不受选举舆论据以形成的策略的影响，法律上有发言权。但是建立在世袭或财富基础上的政权事实上是无法防止舆论和感情偏私的操纵的。美国的参议院是富豪阶级的代表，已经被那种靠制造舆论而生存的金融力量所吞并；我们的上院也正在迅速朝同一方向发展。从人类有历史伊始，就发现任何一个老练的政治家控制一位世袭君主的意见要比控制一群人的意见来得容易。

在英国，真正的“第二院”、真正的“宪法制约”不是上院，也不是君主，而是一个永久存在的文官行政机构，文官的任用不受任何政治家意愿的影响，如无过失可终身任职。如果这种机构像在俄国或很大程度上像在印度一样，是一种最高权力，那么，就像我在上章所说，它本身就必须培养控制舆论的本领。但是处于目前地位的英国文官有权利和义务发表自己的意见，用不着不择手段地使自己的意志占上风。

文官制度的建立是十九世纪英国的一大政治发明，像其他发明一样，是在一个紧迫的实际问题的压力下完成的。自从 1783 年以来，东印度公司官员的任命方法一直是英国政治中一个重大问题。到那一年，已经看得很清楚，我们不能永远让一个由英国陆、海军维持的大帝国的统治者的任命取决于公司董事们的不负责任的偏爱。1783 年，查尔斯·詹姆斯·福克斯以他惯有的莽撞态度建议快刀斩乱麻，使印度官员的任命成为议会任命权的一部分；他和诺思勋爵的印度法案被挫败，这不仅是因为乔治三世固执而肆无忌惮，而且还因为人们感到他们的提案中包含着巨大的政治危机。事实上，这个问题只能用一个新的办法来解决。使董事们宣誓诚实地任命官员的办法证明是无用的，而董事们任命的人必须在海莱贝里受专门训练的规定虽然比较有效，但是任命权的主要弊病还是没有触及。

因此，早在 1833 年，麦考莱为更新和修正公司章程而提出的政府法令就含有一个条款，规定东印度的陆海军官学校学员的地位应公开竞争。当时董事的势力还很大，足以阻止如此大的一个改革获得实现，但是 1853 年章程再次修改，竞争制被明确采用，1855 年学员进行了第一次公开考试。

与此同时，查尔斯·特里维廉爵士（一位著名的印度文官，娶麦考莱之妹为妻）被要求在斯塔福德·诺思科特爵士的帮助下对国内文官的任命方法进行了调查。他的报告于1854年春发表，是对于上两个世代内形成英国宪法厥功甚大的最出色的国家文件之一。它揭露了财政部公务员铨衡长官将官职分配给议会中那些其表决将被收买或酬谢的议员的做法对现有机构人事的恶劣影响，并建议一切需具备智力条件的职位应一律向那些品行优良、构成当时绅士教育的各项课目竞争考试及格的青年人开放。

但是，建议议员放弃他们自己的任命权，同要求他们取消东印度公司的任命权，是完全不同的一回事。因此，查尔斯·特里维廉爵士在发表他的建议之前，把它送交政府内外许多知名人士阅读，并把他们的极其坦率的回答印在附录里。

提意见的人大多认为这个建议是绝对行不通的。这仿佛是政治世界中闯进了一个从另一个宇宙来的因果方案，好比向证券交易所提议当天的股票价格应由祈祷和拈阄来确定。例如，教育部常务大臣林根在《关于文官系统的报告和文件》中写道："鉴于官职任命权事实上是权力的一个因素，而绝对不是一样虚无缥缈的东西；鉴于我国人民有悠久而极其宝贵的政治较量习惯，其中分享官职被认为是斗争的正当奖赏；鉴于在社交上、日常生活中以及在唐宁街，身份和财富（这是事实，无论我们喜欢与否）左右许多事情，我们的思想方式和行为方式莫不按照这个认识进行；鉴于这一切，我要慎重行事，决不会贸然劝告在文官系统中进行您本人和斯塔福德·诺思科特爵士所建议的这样一场革命。"殖民部的詹姆斯·斯蒂芬爵士说得更直截了当："我认为，我们生活在其中的世界还没有完全道德化，接受不了这样一个严峻的道德方案。"几年后，当讨论印度军队中的官职实行竞争时，维多利亚女皇（或艾伯特亲王借女皇之口）表示反对，认为它“把君主贬低为仅仅是一台签署机器”。①

然而，1870年，特里维廉的报告发表十六年之后，格莱斯顿颁布命令，在整个英国文官系统实行公开竞争，这个命令几乎没有遭到批评和反对；英国议会政体的一个最重要职能确实贬低为“仅仅是一台签署机器”了。

此举之所以成为可能，是因为政治气氛发生了变化，其原因是英国历史上最饶有趣味的问题之一。一个原因是很明显的。1867年，德比勋爵的“改革法”突然把下院的最终控制权从市的“十镑户主”转到工人手里。老的“统治阶级”可能感到他们的官职任命权已保持不了多久，让这种权力留在一个独立的文官委员会（像一个瞎眼的正义女神那样解释大自然的裁决）手里，要比留在施纳德霍斯特先生已经在着手组织的那些可怕的“地方议员会议决策委员会”手里安全得多。

但是，人们可以看出比选举权易手更深刻的变化原因。从克里米亚战争到1870年的十五年在英国是一个思想极为活跃的时期，在这个时期内，少数几位像达尔文或纽曼那样头脑敏锐的思想家所作的结论已经被许多杂志作者、宣传者和诗人讨论过，并广为传播。一个概念逐渐占上风：无论是在政界还是在别处，实现我们的宗旨的力量最终必须依靠严肃而持久的思考，而不是依靠舆论。

1850年，卡莱尔曾经发问：“民主一旦演变为备有投票箱之类

① 《维多利亚女王传》第3卷第377页。

东西的选举权，它能否自然而然地完成从虚到实的有益的全面转变？”并且回答道：“你的船是不能靠它的绝妙的选举计划绕过合恩角的。船员们可以在甲板上下以最和谐、精致的立宪方式投票表决这件事或那件事，但是船要绕过合恩角却会发现一系列已被古老的自然力投票赞成并严格规定的条件，自然力对你如何投票表决完全不放在心上。如果你能靠投票或不投票弄清那些条件，并勇敢地顺应，你就能绕过合恩角；如果你不能，狂风就会把你吹回原地。”

到1870年，卡莱尔的教诲已从奇谈怪论变成滥调。在这个转变过程中，最重要的一个影响乃是自然科学的发展。例如，1870年，赫胥黎的《非宗教家的宗教谈》编成出版。1850年不能理解卡莱尔的虚与实之间区别的人们，不会不理解赫胥黎关于生和死的论述，赫胥黎将生和死比作和一个从来不出错的无形对手下的一局棋。赫胥黎的非个人的科学在绕合恩角航行中似乎比卡莱尔的个人的和概念的英雄更有用处。

但是，竞争性文官制既经发明和采用，就脱离它在其中产生的严峻而困难的思想领域，而在我们的习惯性政治心理中生根。我们现在半无意识地把文官制想象为一个不变的事实，其优缺点要么全盘接受，要么全盘否定。公开竞争也同样成了一个“原则”，被理解为应用于已经应用的官职，而不能应用于其他官职。因此，如果我们要对这个问题进行卓有成效的思考，当前最要紧就是破除我们头脑中的这种想法，回到变化无穷的世界去。我们必须把竞争本身看作千变万化，会不知不觉地逐渐演变成其他任命方法，并且必须把提供竞争的职位看作与其余所有职位不同，与适宜进行某种形式的竞争然而尚未试行竞争的职位重叠，在其曲线的边际点上与那些不适宜竞争的职位相交。

在开始这个过程时，一个事实变得很清楚。官员的任命制度既然能应用于中央政府，就没有理由不能应用于地方政府。我们之所以从未认真考虑过这个问题，应该说是英国人头脑迟钝的一个惊人例证。在美国，文官这个词是同样应用于中央和地方两类官职的，“文官原则”既包括联邦的任命，也包括州和市的任命。两类官职之所以在我们头脑里分开，主要可能是历史上我们用不同的名字称呼它们的缘故。地方当局在任命官职方面可为所欲为（唯一的例外是教师和医师需要某些资格）。也许有五六个大城市和地方已实行有限的公开竞争，但是在其他一切地方，为数恐怕已经和中央文官一样多的地方文官①是在这样一些条件下任命的，如果政府成立一个调查委员会，可能会发现1855年前中央政府官职任命权中存在着的不少弊病故伎重演。

当然，不可能单独任命一个文官委员会对每个地方单独举行考试。任命官员的人只向中央政府负责，而同任命以后控制官员、给官员发薪和提升的地方当局没有联系，这样将会产生不少困难。但是同样的困难却被美国文官改革者避免了，只要认真思考几天就能够使该项制度适合于英国的地方条件。

为英国中央政府建立竞争性文官系统的一个目的是防止贪污。如果官员不再由议员任命，议员和官员勾结起来欺诈人民就

① 1901年的统计数字为：国家文职人员九万人，地方文职人员七万一千人。但是自从那时以来，地方文官人数增加得比国家文官快得多。

困难得多。现在，一位英国议员如果想利用他的地位敛取钱财，就得贿买一大批完全不靠他照顾的官员，这些官员可能非常不喜欢他的为人，如果他们串通舞弊的勾当被揭穿，即使他不当议员已经好些年了，他们还是可能出丑或被送进监狱。

在地方政府条件下，显然更需要采取措施防止贪污。在联合王国，地方政府的支出已经比中央政府大得多，而且正在以更快的速度增加，由于绝大多数钱都用在地方上，每笔支出的数额都较小，因此舞弊就比较便当。我认为，英国市政当局总的来说是廉洁的，但是舞弊确有发生，而且被官员和议员之间可能存在着的密切关系加剧。一个手头拮据或者厚脸皮的市议员或贫民救济委员随时都可能教唆（或被教唆）一个曾在竞选中帮过他一把的穷亲戚，并且为该人（也许是应该给他的同事类似照顾的默契所致）在市里弄到一个职位。

再有，英国的铁路公司正逐年受国家的控制，但是从未有一位政治家曾试图像一个世纪前东印度公司那样在任命和提升方面定出一个公正合理的标准。有少数铁路公司为勤杂人员定出竞争制度，比市政府实行的那些制度更不适当，但是据说在大多数铁路公司里，任命和提升都受董事或大股东的影响。我们管理铁路的连接和信号等细枝末节，却没有认识到公众的安全甚至更直接地依靠铁路公司的官职任命制度。

这个原则应扩充到什么程度，举例说，在什么程度上可以阻止一家大私人公司的老板通过把他的企业交给一个无能至极的亲戚管理而使半数地方居民受害，这个问题取决于今后五十年内集体主义思想家所能发明的政治方法的力量。

同时，我们必须不再把现行对意想不到的试题仓促作答的竞争考试制度看作一样一成不变的东西。那项制度有某些非常实际的好处。候选人和他们的亲友都觉得它“公平”。它揭示候选人在某些重要智力素质方面的力量，这些素质无法用推荐信表明，除非经过考试，往往连候选人本人也不知道。但是，独立选拔的范围如果要大大扩大，就必须采取更多的方法。在这方面，自从查尔斯·特里维廉爵士的报告于 1855 年发表以来，英国始终裹足不前。考试的科目略有更改，但是过去半个世纪内英国教育状况的巨大变化基本上被忽视了。受过接近完整的“绅士教育”的英国青年依然只是极少数，大多数人根本没有受过任何智力训练。各种中等教育的普及、高等教育的日益专门化、世界各大学积累的关于测验“研究生”学位论文的真实性和智力质量的可能性的经验都很少或一无成效。

1875 年的公平委员会发现邮政局雇用少数妇女做下级工作。自从那时以来，女打字员和少数待遇较好的妇女曾因为这位或那位议会领袖或常任长官一时高兴而被接纳进其他政府机关，但是并没有作系统的努力利用每年毕业于新老大学、修养高、耐心好的妇女的才智来丰富国家的思维力。

对于公众来说，1870 年实行公开竞争似乎不仅排除了进一步考虑官员任命方法的必要性，而且也排除了考虑官员据以工作的制度的必要性。他们知道，尸位素餐之流行将销声匿迹。任命将按照“成绩”，而考试成绩的宣布犹如维多利亚女王中期小说里的婚礼，将会是故事的结束。但是在政府机关里，就像在法院或实验室里，除非在被任命官员全部工作期内由组织上提供适当的机会和动机，就不可能进行有效的思维。然而，1870年以来，政府部门的组织要么让各部按照机关传统自由发展，要么被一场只针对一个部（例如陆军部）的运动所改变。例如，每个机关内少数一级官员和多数二级官员之间的官方关系不是根据任何原则变化，而是按照某个曾经掌权但如今已被遗忘的首长的见解和偏见而变化。每个科的科长及其下属之间的关系亦然。在至少一个机关里，重要的文件先送领导，领导当即作出批示，然后逐级下达。在其他机关里，制度规定全部文件必须先送交一个下级，下级再送呈上级，不仅附上必要的文件，而且还附上他的处理意见，这样年轻人能获得无限宝贵的经验，年长者也不至于墨守成规。这两种组织方法必然有一种优于另一种，但是从未有人拿它们作过系统比较。

在殖民部，图书馆长的任务是使每一个必须就一个问题作报告的官员都能获得有关该问题的已出版的书籍和官方文件。在贸易部（对该部处理的问题，出版的书籍比官方资料甚至更重要）才刚找到房子供收藏多年前搜集到的图书之用。[①] 外交部和印度部都有图书馆，财政部、地方政府委员会却一个也没有。

在财政和审计部，已实行一项训练下级官员的办法，就是每隔一定时间把他们调到不同的工作部门。效果据说很不错，但是我所知道的任何其他一个部都没有这样做，也没有进行过认真的讨论。

几乎所有的部的官员都参与组织比他们自己的工作更直接行政性的部以外的工作，一项培训官员的明智制度应当“暂时调派”

① 贸易部的图书长时期内一直存放在外交部。

青年官员去担任他们将要负责组织的那项工作以取得经验。农业部的干事在任职期间应至少一次被调派去帮助监督宰杀染上瘟病的猪并访问农民，而贸易部铁路处的官员则应亲身对铁路办事处的内情有所了解。这个“暂时调派担任特殊职务”的原则可以扩大为若干固定的学习期（如军队已经做到的那样），在此期内，官员可脱产（工资照发）获得对他的部门有用的知识，嗣后不是通过回答试题，而是通过提供一本有永久价值的著作或一个报告来显示他的工作成果。

布尔战争以后，由于迫切需要在英国军队的管理方面提供有效的思想，军事会议乃应运而生。如今大臣不只是了解通过他的高级军官头脑的“瓶颈口”传达给他的那些想法，每星期还和五六个部门的领导开会听取意见，学会选拔人担任高级职务，并省去不少冗长的案牍时间。与此同时，由于人脑生理学一个众所周知的事实，对文件进行思考感到疲劳的人与同事交谈会获得一种新的刺激，正如说累了的政治家如果头脑仍清醒的话，会从静静地使用一支笔获得一种新的刺激一样。

如果这种定期交替的书面讨论和口头讨论在陆军部有用，那么在其他部门也可能有用；但是没有一个有足够权力要求得到这一个答案的人曾对此加以过问。

现代政府最重要的职能之一是有效地发布信息，然而我们虽有文书局却没有宣传部；一个部有公报，另一个部没有公报，公报如何刊印，何时刊印，都显然纯属偶然。对于各种官方出版物的统计方法，也无人负责调查和批评，并在必要时予以协调。

就所有这些和其他许多问题而言，一个小型的委员会（有点和

1904 年负责陆军部改组工作的伊谢尔委员会相似)，由一个能干的保险公司经理、一个公正的文官、一个富有国外贸易和部门组织经验的企业家组成，可能无需增加经费而使现有政府机关的效率提高一倍。

但是，要任命这样一个委员会的话，议会的普通议员，特别是那些赞成大力扩充集体行为的议员，必须比目前更认真地思考集体思想的组织。比方，应该如何来防止一批官员养成“官方”的思想习惯以及一种对立于多数人民利益的公司利益观念的危险或使这种危险减少到最低限度？如果要引导每一代中相当数量最能干、最有条件的青年到政府里做工作，就必须提供工资，使他们立即跻身于富裕阶级。如何防止他们在一切行政问题上有意无意地袒护经济上与他们处于同样地位的人？如果他们这样做，那么，危险不仅在于社会改革将会延迟，而且英国的工人还会对受过高等教育的常任官员表示憎恨和不信任，这种情况是美国任何一个工人集会中都能看到的。

如今，人人都有受高深教育的机会，我们经常听说各种社会出身和阶级同情的人都有可能进入日益扩大的高级文官圈子。要是情况果真如此，那当然是件大好事，但是每个注意现行考试制度发展的人都知道，必须小心防止给希腊文和拉丁文等科目打高分(哪怕仅仅出于官方传统)，因为这类科目的教育价值不比其他科目高，但是只有一个社会阶级的人能获得优异成绩。

当然，为了自下而上提升的信条而牺牲智力效率将带来毁灭性后果，1870 年的政治家们认为从二级文官晋升一级文官在他们那时是凤毛麟角，以致可以把它置之脑后，他们的这种想法也许是对的。但是从那时以来，情况已经变了。二级文官的竞争已变得无比激烈，在任何一种合理的考试下，一些通过读书和进夜大学继续深造的二级文官在三十岁时都显示出比许多高等考试及格进入文官系统的人更适宜担任最高级的工作。

但是，无论我们的官员多么能干，无论他们的出身多么不同，官僚生活通常产生狭隘和僵硬的危险依然存在，必须用种种鼓励解放思想的方法加以防止。德皇立了一个大功，前不久他在一个关于特威德穆斯信件的半官方通报中宣称，官方身份为国王和大臣的人作为“专家”在思想界享有其他更广泛的权利。人们只希望他能允许他自己的官员们在一天工作之余，作为个人主义者或社会主义者、非洲土著居民保护者、通神论者、自由舞台或自由仪式鼓吹者以健康的伦敦方式同工人领袖、陆军上校、教师、朝廷女官和国会议员重新聚首在一起。

政府官员的智力生活确实正在成为一个问题，一年比一年更密切地对我们发生影响。在文学界、科学界以及工商界中，独立的生产者正在消亡，官员正在接替他们的位置。现在我们几乎人人都是官员，无论我们是报上写文章的、大学里教书的，还是银行里记账的，在工作日子里，都为了一个更大组织的利益而使个人自由受到限制。我们很少受直接而明显的经济动机的影响，这种动机促使一个小店主或农场主或农村推销员拼命加紧谋划如何压倒他的对手或从他的雇员身上榨取更多利润。如果我们在生活中只希望尽可能少干活，多享受，那么，采取那种既不促进也不妨碍提升的不慌不忙的“手法”是合算的。

因此，兴趣和多样性、公益精神和手艺人对自己技能的喜悦，这些间接促进因素作为高级形式思维活动的动机对我们正日益变得重要,而减少工资的威胁或增加工资的许诺却不那么重要。由于我们需要那些高级思维活动不仅是为了社会的利益,而且还是为了我们自己心灵的好处,因此我们每一个人都必须学会如何防止发挥有效思想的机会只限于极少数像希腊神话中的独眼巨人一样生活在不负责任的自由天地中的富人。如果我们清醒地认识到:今后有组织的工作将成为规律,而无组织的工作是例外,如果我们有意识地使我们的工作方法以及我们的个人理想适应那种状况,那么,我们就不至于再认为公众事务的管理工作只能让一群未受过教育的、反复无常的政客以及自私和迂腐的官僚来分担。

第四章　国家和人类

在前三章里，我论述了某些现有的唯理智倾向对我们的政治行为理想、我们的代议制度以及我们用来在职业官员当中保证智力主动性和效率的方法——亦即对国家内部组织可能发生的影响。

在本章里，我要来论述同一些倾向对国际关系和不同种族之间关系的影响。但是，离开单独一个国家而处理几个国家的相互关系，马上就会碰到一个根本性问题：国家是什么？大英帝国或欧洲同盟是一个国家还是许多国家？两个地区中的每一个社会如今都对另一个社会发生政治影响，电报和轮船已把原来对那种影响进一步扩展的限制消除殆尽。是在感情上或体制上进行联合呢，还是有任何经久的原因限制有效政治团结的地理范围或种族范围，从而限制国家的领域和组成呢？

亚里士多德在古代世界的条件下写作时，断言只有十个人的社会不是国家，人口达十万的社会同样不是国家。他的论点是以人的感官和人的记忆力可测量的事实为根据的。一个国家的领域必须站在高处可"一览无余"，全体正式公民参加的会议必须能听见一个声音——一个真正的人的声音，而不是传说中声若洪钟的传令使者的声音。执政官们必须能够记住所有他们的同胞的脸和个性。亚里士多德并没有忽视这一事实：他所知道的地球的表面几乎全都被比他的规则所允许的大得多的国家占据了。但是他否认大的野蛮君主国是真正意义上的“国家”。

我们自己往往容易忘记亚里士多德所依据的事实是既真实又重要的。希腊和中世纪的城邦的历史表明，当每个公民的整个环境处于他的感官和记忆的第一手范围之内时，对于人类的某些最高级活动和感情是一个何等有效的促进。今天，只有在文明主流之外的村庄里，人们才认得邻人的脸，每天看见他们在其中工作和休息的田野和农舍。然而，即使今天，当一个村庄被四下延伸的市郊吞并，或被大量涌入的新的工业人口淹没时，一些老年居民感到他们正在同生活中一些深奥的东西失去联系。

一年前，我和一个爱行路、爱思索的约克郡老教师站在艾尔达尔河的高高的沼泽地边上。我们对面是夏洛特·布朗蒂当年在那里做过家庭女教师的邸宅，下面是铁路，把一些从事工业的农村连接起来，这些农村已开始相互向对方延伸，很快就将通过河谷，化为连绵不断的高烟囱和石板屋顶。老教师告诉我，就他记忆所及，往昔对乡土的眷恋是怎样从这一地区消失的。我问他，是否可能有一种新的感情，如今人们既然生活在广大的知识和推理的天地里，而不是生活在狭小的视听的天地里，是否会出现一种书籍和地图激发的爱国心，成为比乡村街道激发的爱国心更好的生活指导？

对此他断然否定；他说，旧的感情消失了，没有任何东西替代它，将来也不会有，有的只是一种赤裸裸的、蠢蠢欲动的个人主义，永远追求个人的满足又永远得不到满足。接着，几乎是用莫里斯[1]和罗斯金[2]的语言，他开始要求说，我们如果能永远忘掉蒸汽和电力而重新获得生活的真正财富，回到中世纪村庄的农业和中世纪城镇的手工业，那么，我们付出的代价将是微乎其微的。

他知道，我也知道，他的要求是绝对实现不了的。即便在老的条件下，希腊、意大利和佛兰德城邦也灭亡了，因为它们太小，无法抵抗一些较大尽管组织较差的社会而保住自己；而工业进步是一个甚至比马其顿或西班牙军队更锐不可当的入侵者。对于人数不断增多的一部分现代英国居民来说，现在已没有他们在旧的意义上的“立身”之地。几乎所有管理英国工业的人，还有人数迅速增加的体力劳动者，每天乘电车或火车在居住地和工作地之间往返，沿途所见景物要比他们的眼睛所能容纳或头脑所能记住的多一百倍。用威尔斯先生的话说，他们“失去了地方性”。

但是，既然我们不再能把我们的感官极限当作估计文明国家可能有的幅域的基础，似乎压根就没有什么东西可用来作这种估计了。我们怎样来确定用蒸汽或电力进行有效沟通的限度，或者代表制和联邦制这类政治手段能扩及的范围呢？亚里士多德在说明国家的大小与其公民的权力的关系时，曾用一条船作比喻，他说这条船不可太大，大得非常人的体力所能操纵。“一条两浪[3]长的船根本不是船。”但是卢西塔尼亚号[4]船的长度已经接近一浪半，而一个世代后的造船技师可能达到的船的长度的上限是多少，甚

① 莫里斯(1834—1896)：英国作家、诗人、散文家。——译者

② 罗斯金(1819—1900)：英国作家、美术评论家、社会改革家。——译者

③ 浪：英国长度单位，等于⅛英里。——译者

④ 卢西塔尼亚号：当时世界上最大的英国轮船，总吨位达三万二千吨。——译者

至无人能猜测。如果我们认为一个国家可大于一个人的视界，那么，使全地球受一个像美国或大英帝国那样有效的政府管辖的技术上的困难已经克服了。如果这样一个政府是不可能的，其不可能必然不是由于我们的感官和体力的限制，而是由于我们的想象力和同情力的限制。

我在前文[①]已经指出，现代国家必须为其人民的思想和感情而存在，不是作为一个直接观察的证据，而是作为一个心灵的实体、一个象征、一个化身或一个抽象概念。因此，国家的可能的大小主要取决于限制我们创造并使用这些实体的事实。五十年前，在民族基础上重建欧洲的政治家们认为已经在限制各民族的物质和精神同一性的原因中找到了确切的事实。他们认为，一个国家要治理得好，必须是一个同种的"民族"，因为没有一个公民能想象他的国家或使他的国家成为他的政治爱戴的对象，除非他相信存在着一个一国的人民与之同化的民族类型；而他不能继续相信这种类型的存在，除非他的同胞在某些重要方面彼此相像并与他相像。俾斯麦对使其他德国人与普鲁士人同化的可能性从量的方面进行了研究，蓄意限制了他预期的德意志帝国的幅域。他始终反对吸收奥地利，在很长时期内也反对吸收巴伐利亚，理由是普鲁士人虽然强得足以同化撒克逊人和汉诺威人，同化奥地利人和巴伐利亚人却鲜能成功。例如，他在 1866 年曾说："我们不能利用这些阿尔卑斯山以南的人，我们决不可贪多嚼不烂。"

① 第一部第二章第 56—57 页及 60—63 页。

马志尼[1]和俾斯麦一样，认为国家只能包含一个同种的民族，否则就治理不好。但是俾斯麦的强行使弱小民族归化强大民族的政策，在他看来是最恶劣的暴政；他把他自己的欧洲重建计划以当前民族统一与地理特征相吻合所启示的上帝意志为基础。他说："上帝将人类在地球表面分为许多不同的集团或核。……邪恶的政府毁坏了上帝的意图。尽管如此，你仍然可以追踪这种意图，至少就欧洲而言，它是按照大河的走向、高山的方位以及其他地理条件明确地划定的。"

因此，马志尼和俾斯麦两人都不遗余力地反对法国革命的博爱主义，反对那种如坎宁所说"把国家缩小为一个个人，然后再让一个个人聚合成一群群暴徒"的哲学。马志尼攻击鼓吹一切人应不分国籍彼此相爱的"世界主义者"，理由是他们在要求做一件心理上不可能做到的事。他申辩说，如果人类意味着全部无数个生灵，那么，任何人都不能想象人类因而也不能爱人类。早在1836年，马志尼就由于这个原因谴责原来的烧炭党，当时马志尼说："世界主义者，只身处在一个巨大的包围圈里，这个包围圈的边界扩展到他的视力所不及的地方；他唯一的武器是意识到自己的权利（往往是误解了的）和个人的能力——这种能力无论多么强，也不能扩大应用于整个构成目的的范围……他面前只有两条路。他不得不从专制和惰性之间进行选择。"他引用了布雷顿渔夫的话，渔夫在扬帆出海时向上帝祈求道："上帝啊，帮助我吧！我的船太小了，而

① 马志尼（1805—1872）：意大利资产阶级革命家、意大利复兴运动中的民主派领袖和思想家。——译者

你的海洋太大了。”

因此，在马志尼看来，上帝指示的国家介于个人与多得不可想象的群体之间。一个人所以能了解和爱他的国家，是因为国家包含着和他自己一样的人，“讲同一种语言，具有同样的倾向，受同样的历史传统的教育，能够被当作一个单一的国家实体来思考”。国家是“人类与个人的中间术语”，人只有把人类想象为许多同种的民族国家拼合而成的整体，才能获得人类的概念。“国家是人类的公民，正如个人是国家的公民一样，”还有：“人类的公约不能由个人签署，而只能由具有一个名字、一面旗帜以及一个独特存在意识的自由和平等的民族来签署。”

国家主义，如俾斯麦或马志尼所解释的，在十九世纪欧洲政治觉悟的发展中起过巨大的、无限宝贵的作用。但是，要把国家主义作为解决二十世纪的问题的方法，却越来越不可能了。我们无法附和马志尼，说什么“当代无可争辩的倾向”是把欧洲改造为若干“人口和幅域尽可能相等的”、同种的民族国家。确实，马志尼无意识地然而大大地夸大了甚至他那个时候的问题的简单性。那时东南欧大部分国家甚至未被“大河的走向和高山的方位”分为许多同种的单元，而是从村庄到村庄混合起来；以后发生的各种事件使我们不得不承认那个事实。例如，我们不再能够像斯温伯恩先生以及马志尼和科苏特[①]的其他英国信徒们在十九世纪六十年代所相信的那样相信居住在匈牙利的只是些纯种的、爱国的马札尔人。我们可以看出，马志尼在1850年说“希腊能够……通过扩张到君

① 科苏特(1802—1894)：匈牙利民族解放运动领袖。——译者

士坦丁堡成为俄国侵犯欧洲的一大障碍”这番话时，已经把他的原则曲解到无以复加的地步。在今天的马其顿地区，成群结队的保加利亚和希腊爱国者（都受马志尼主义传统的熏陶）正在力图消灭敌对的居民，以便确定他们自己代表巴尔干山脉的位置所显示的上帝意志的权利。马志尼本人如果在世的话，或许会承认，如果俾斯麦的人为同化政策必须否定，那么，欧洲就必须继续有几个含有属于不同民族的人民的国家。

俾斯麦的“铁血政策”创造的人为一致概念比马志尼的概念更密切地符合十九世纪的形势。但是其可行性取决于居统治地位的民族成员总是强烈地希望把他们自己的模式强加于其他民族这一假设。既然社会民主党人（他们并非是普鲁士人口中无足轻重的一部分）显然由于他们的波兰或巴伐利亚或丹麦同胞坚持自己的民族特征而对他们更加钦佩，前不久标洛亲王关于德国的力量取决于一个彻底民族主义的普鲁士的存在和统治的俾斯麦式名言似乎只是政治上的遗风了。同样的感情变化也出现在联合王国，英国两党都已私下或公开地放弃了曾一度被各党当作英国政策一个不可缺少的组成部分的使爱尔兰和威尔士英国化。

国家的幅员必须以同种民族（无论是天然还是人为）为基础的原则应用起来的一个更大的困难是，在过去二十五年里，所有的欧洲大国都迅速扩张非欧洲领土。无论是直至 1872 年去世的马志尼，还是直至 1884 年进行殖民冒险的俾斯麦，都没有考虑过将欧洲以外的领土和人民吞并进来。因此，他们两人都没有对现代“瓜分世界”引起的那些问题好好动过脑筋。马志尼的确曾经隐隐约约地期望民族国家从欧洲扩展到亚洲和非洲，遍布地球表面的同种的和独立的“民族”最终将“缔结人类公约”。但是他从未说明产生那种结果的政治力量是什么。意大利于 1896 年入侵阿比西尼亚可能代表马志尼将民族国家概念扩大到非洲的策略的一个必要阶段，也可能是和那种概念针锋相对。

俾斯麦目光较短浅，更讲究实际，他从未像马志尼那样指望签署一个甚至把欧洲各国也包罗在内的“人类公约”，而的确总是反对设想一个国家与其疆域以外的其他国家或人民之间有任何关系，无论是道德关系还是政治关系。他说：“对于一个大国来说，唯一正确的行为原则是政治上的自我主义。”因此，当俾斯麦死后，德国的海、陆军与中国或东非手无寸铁的人民接触时，就像社会民主党人当即指出的，他们对形势的认识并不比五世纪时阿提拉[①]和他的匈奴人据以行动的认识来得高明。

现代的英帝国主义者在一段时期内曾试图把同种民族概念应用于大英帝国。从 1883 年西利的《英国的扩张》出版到 1902 年弗里尼欣和约签订为止，他们力求相信“血统”、“岛国种族”的存在，它由同种的、讲英语的人组成，其中不仅包括联合王国的全体居民，而且还包括殖民地和属地的全体白人；而帝国的其他居民则被当作“白人的负担”——行使白人美德的必要材料。当他们中的理想主义者被迫认识到这样一种白人的同一性尚不存在的时候，就确信只要阅读帝国的诗歌，召开帝国的会议，这样的结果就必然会和平到来。他们中的俾斯麦式现实主义者则认为用“铁血政策”就

① 阿提拉（约 406—453）：匈奴王。443 年曾率强悍的匈奴人进兵拜占庭，迫拜占庭王割地、纳贡求和，继而闯入罗马帝国西部，并攻占北意大利，后人呼之为“上帝的鞭子”。——译者

能在南非和其他地方产生这种结果。米尔纳勋爵恐怕是德国以外俾斯麦传统最忠实的信徒，在弗里尼欣和会上甚至反对与布尔人议和，除非是势必使南非殖民地最终英国化的无条件投降。他现在还在幻想一个其利己主义和俾斯麦的普鲁士一样彻底的大英帝国，在1907年以1887年的方式告诫我们要反对“青年的思想”，那些思想“既过于岛国性又过于世界性”。

但是，在当前绝大多数帝国主义者心目中，帝国自我主义已失去了它唯一可能的心理基础。它将不是以民族同一为基础，而是以民族差异意识为基础。在加拿大的法国人要完全保持法国式，在南非的荷兰人完全保持荷兰式，尽管两者将被一道不可逾越的道德鸿沟同大英帝国以外的世界分隔开来。这样表达的事实对帝国主义是没有帮助的。威尔弗里德·劳里埃爵士或博撒将军入英帝国籍是一件更微妙的事，把米尔纳勋爵的话改一下，它比帝国自我主义较少岛国性而更多世界性。例如，它并不意味着对法国或荷兰是否将被大海淹没这个问题完全漠不关心。

在这同时，帝国内部的非白人种族对于像十八世纪英国的“贫民”一样仅仅作为他人美德的材料而生存的前景没有表示热情的满足。他们也有他们自己的模糊的民族观念；如果那些观念最终没有使我们的帝国解体，这是因为它们不是被帝国自我主义感情扩大和制止，而是被那些对帝国或民族边界不予理会的更广泛的宗教道德观念扩大和制止。

不过，我们的“真正政治家”可能会反驳说，世界性感情在当前既是空想的又是危险的，不是因为它如马志尼所说，在心理上不可能，而是由于我们所处的军事地位。他们说，在下一个世代中，我们的帝国为了求生存，必须与德意志帝国或俄罗斯帝国打仗，或同时与两个帝国打仗，我们唯一取胜的机会是创造那种具有战斗价值的帝国感情。如果帝国的白人居民被鼓励把自己视为“优秀种族”，亦即既是同一的民族，又是天生的贵族，他们马上就会通过实战灌输进一种俾斯麦式的帝国“自我主义”特征。在帝国的非白人居民中（因为在下次帝国主义之间的战争中，各方在第一次惨败后都会打破只使用欧洲军队打欧洲人的惯例），我们必须发现和训练那些像廓尔喀人和苏丹人一样可望为我们打仗并仇恨我们的敌人但却不要求获得政治权利的种族。无论如何，我们必须像俾斯麦一样破除那种既关心我们同胞的利益又关心我们未来敌人的利益的博爱主义，把它当作帝国最致命的削弱剂。

当然，这种论调可能用一种反证法来驳斥。如果帝国自我主义政策获得成功，所有的帝国会一致奉行，无论我们愿意与否，每次帝国主义之间战争的胜利者都会接管失败者的领土。经过数百年战争和倒退，在鲜血白流、财富虚掷和忠诚扫地以后，现代文明可能会剩下两个帝国：英国和德国，或美国和中国。两个帝国拥有的武器都代表其居民创造的、超过维持生存需要的“剩余价值”。两个帝国都会含有白种人和黄种人以及棕种人和黑种人，在世界地图上一条动摇的线两边互相仇恨。但是斗争会继续下去，作为太平洋海军大决战的结果，只有一个帝国能存在。“帝国自我主义”得出自己的逻辑结论之后，将不再有意义，地球上减少了一半的居民将不得不从博爱主义观点考虑种族问题以及有组织地开发地球问题。

在斗争进一步深入之前，这个想法是不是完全没有实行的可能性以致没有必要加以考虑呢？一千五百年前，在东南欧，持三位一体[1]的本体同一[2]观点的人拿起武器反对持本体相类[3]观点的人。双方的将军们和其他"真正政治家"们可能像米尔纳勋爵一样担心他们的追随者会变得"过于世界性",乃至把他们的同情心扩大到神学领域之外。一个持本体同一观点的人会说:"这是一个实际问题。除非我方受神学自我主义训练,学会仇恨对方,否则我们将在下次战斗中败北。"然而我们现在可以看到,欧洲的实际利益很少与"我们"胜或"他们"胜的问题有关,而是与下述问题密切相关:能不能发明一种不那么蠢的形而上学,或者发明一种使那些不同意神学观点的人往后的日子不至于难过的思考人类的方法,借以消除"我们"或"他们"之分。德国人和我们自己现在正向着恐怖的世界大战前进是否仅仅是因为在制造介于我们与难理解的宇宙之间的心灵实体时,认为"国家"和"帝国"就像本体同一论和本体相类论一样,是唯一可取的办法,而且因为制造了这些实体,我们的同情就被禁锢在它们里面呢?

我在研究政治推理的条件时已经强调说,我们把无数思想和感情分成性质相同的类别的倾向所产生的逻辑困难现在是不必要的,已为当代自然科学研究者所避免。正如现代艺术家以变化多

① 三位一体:基督教基本信条之一,谓上帝只有一个,但包括圣父、圣子、圣灵三个位格。三者虽各有特定位份,却完全同具一个本体,同为一个独一真神,而不是三个神。——译者

② 本体同一:基督教神学术语,特指耶稣基督与上帝圣父的本体是同一的,谓耶稣基督虽降世成人而具有人性,但同时仍具有神性,且其神、人二性密切结合成为一个位格,即上帝的第二位格圣子;上帝三个位格的本体则是同一的。——译者

③ 本体相类:基督教神学术语,谓上帝圣子耶稣基督与上帝圣父分具互相类似的两个本体。——译者

端的曲线和面代替野蛮人的直线和简单的线条，而心理上并不产生混乱一样，科学的想象已学会处理自然的多样化的事实，不把它们看作许多独立的集团，每个集团由同样的个体组成，以单一的类型呈现在我们面前。

我们能够学会用这种方式思考全人类的多样化的个体吗？就是说，能够做马志尼宣称不可能做的事吗？要是能够的话，我们能够爱我们能想起的十五亿个各个不同的人吗？

对于第一个问题，1859 年出版的《物种起源》提供了一个答案。事实上，自从那时以来，我们已经能够把人类想象为既非杂乱一团的许多不同的个人，也非许多同种民族拼凑成的一个整体，而是一个生物集团，其中每一个人都与其他人不同，不是任意地，而是按照一个可以理解的有机进化过程。由于存在于想象的东西也可以存在于感情，因此第二个问题也可指望用进化来回答，今后各国和各帝国的敌对的自我主义可以借助对于无限多样的人们的爱来消释，我们可以目睹他们冲破无尽痛苦和迷惘向与全人类更融洽的关系迈进。

但是，十九世纪的理智悲剧在于：有机进化的发现最初非但没有激起这样一种普遍的对人类的爱，反而好像表明这种爱是绝对不可能的。进步似乎永远是由于一种残酷的求生斗争，除非停止进步，斗争将永远进行下去。怜悯和爱会磨钝斗争的锋芒，从而不可避免会使物种退化。

在 1859 年以后的一个世代内，这场无可避免和永无止境的、一切种族都必须在其中扮演角色的自相残杀的概念笼罩着世界政治的研究，犹如对太阳逐渐冷却的恐惧笼罩着物理学的研究，对只受饥荒和战争制约的人口增长的恐惧笼罩着头一百年的政治经济学的研究。在达尔文著书立说之前，博爱主义者把非白种人视为"人和兄弟"，经过短时期的教育，能在除肤色以外的一切方面变得和他们自己一样。达尔文使人懂得，不能这样把困难掩盖过去。种族差异是不受教育影响的，已经存在了几百万年，今后还可能朝着趋异而不是趋同方向发展。

自从达尔文著述以来，种族关系这一实际问题也正好以更严峻的形式出现了。在十九世纪上半叶，欧洲殖民者天天同非欧洲人种接触，尽管他们的冲动和知识都反对埃克塞特·霍尔的乐观主义的人种学，却假定问题能自行解决，从而避免了一切关于他们自己处境的想法。对于澳大利亚或加拿大的土著居民或南非的霍屯督人，贸易自动带来了疾病，疾病为更强健的居民扫清了道路。但是现在最弱的种族和个人已经死绝，活着的人显示出意想不到的抵抗白人传染病的能力，而我们对于传染病起因的知识一年比一年丰富，因而责任也一年比一年重大。我们正在接近这样一个时刻：要使种族灭绝的话，就必须故意这样去做。

但是，如果灭绝既是不可避免的，又是故意的，杀人者和被杀者之间又如何能存在共同的感情或目标呢？据我所知，目前还没有人自称对这个问题有一个简单而确切的答案。伦理问题是在宗教领域内的。但是基督教（目前是主要有关的宗教）显然甚至未能想出一个勉强过得去的折衷办法。官方的基督教理论分明是：一切人都具有同样的价值，一个特定地方一千年后居住着一百万改变信仰的中非矮人，还是一百万同样改变信仰的欧洲人或印度人，对我们都无关紧要。不过，在十九世纪，强大的种族究竟应该把它的扩张计划置于消灭弱小的种族的基础之上呢，还是置于试图在种族可能范围内提高弱小种族的基础之上，对于这个现实问题，基督教徒要比伊斯兰教徒残酷不知多少，尽管他们的残酷往往被多少有意识的伪善所掩盖。

但是，政治上的"达尔文主义"最直接的危险结果不在于它证明欧洲殖民者消灭非洲土著乃属合理，而在于"生存斗争"概念可以被当作一种证据，证明欧洲各国在过去四分之一世纪里争夺世界商船航线的控制权对于每一个有关国家既是科学的必需，又是一种道义上的责任。例如，活跃的前马德拉斯总督安普西尔勋爵前不久说过这样一句话："生存斗争已从一种个人斗争、家庭、社会和民族斗争发展为帝国斗争。"

安普西尔勋爵高兴地宣称，在人类进化过程中，一半人必须屠杀另一半人。当你想到他可能作为下届保守党政府的成员同一个像标洛亲王那样的德国政治家（此人在通过宣称个人道德准则不适用于国家行为而捍卫主子的波兰政策时，似乎使俾斯麦的教导同他所理解的达尔文的教导相结合）谈判时，这种高兴劲儿就特别令人不寒而栗。

把个人间的"生存斗争"所产生的生物学上的利益等同于"帝国斗争"可望产生的利益，当然是绝对不科学的。"帝国斗争"必须要么只在欧洲军队之间进行，要么在欧洲人会同非欧洲人盟友和臣民之间进行。如果采取第一种形式，如果我们假定（安普西尔勋爵可能会这样假定）北欧人种"优于"任何其他人种，那么，屠杀五十万精选的英国人和五十万精选的德国人显然是一种生物退化的行为。即使使用非欧洲人，相当数目精选的土耳其人、阿拉伯人和鞑靼人，或者廓尔喀人、帕坦人和苏丹人被杀戮，这种生物学上的损失对于世界来说，按照存活的“高等人”或“低等人”的比例来衡量，也不过略微减少一点点罢了。

还有一种论调说“帝国斗争”可望产生的进化利益不是种族而是政治和文化类型的“存活”，这种论调也好不了多少。例如，据说我们战胜德意志帝国将意味着政治自由观念的胜利。这个论调出之于印度的统治者之口似乎有点轻率，需要假定各种文化类型在现代世界是由军事占领最成功地传布的。但是在古代世界，希腊文化传布最迅速是在希腊帝国覆灭之后；当代日本作为一个独立国家接受西方文化要比作为俄国或法国的属国更容易；印度今天向日本学习的可能性恐怕大于向英国学习。

不过，安普西尔勋爵的话与其说是代表一种论据，不如说是代表许多已经忘记或从来不懂这句话所反映的生物学说的人所共有的一种思想习惯。达尔文的第一批信徒认为人类之所以高出于它的人类之前的祖先，是因为听任盲目的斗争本能摆布的缘故。因此，所谓人应该以思考来控制强烈的冲动这句老的道德箴言仿佛是错误的。归根结底，不加思考的冲动才是最好的指导，对邻国本能地采取行动的国家可以像十年前的巴黎暴徒一样自称“为生存而斗争”来为自己辩护。

要破除这种思想习惯的话，就必须不仅以一种新的论据来反对它，而且还必须以一种既创造理智信念又产生感情力量的人与宇宙关系的概念来反对它。

个人生存斗争概念中已经发生的变化表明各个民族之间斗争的概念也会发生相应的变化。当代的进化论者告诉我们，各个社会的生物遗传大有改进的希望，这种希望并非来自于鼓励人与人斗争，而是来自于在优生学指导下刺激一些高级社会冲动，而这个新概念的感情作用已经见诸那种在十九世纪六十年代使厚道的英国人苦恼的野蛮的“个人主义”已几乎完全从工业策略中消失。

国际的优生学也以同样方式表明，各个人种不应以相互消灭为己任，而应鼓励改进各自的人种。这种观念对于那些认为全人类自北欧人而下明确地划分为“高等”和“低等”。而且像悉尼政治家确信“白人澳大利亚”势在必行那样确信“白人世界”最终必然实现的人，是没有吸引力的。但是在这方面，在过去几年里，欧洲人已经表现出一种新的谦让迹象，这一部分是由于广泛传布的理智原因，一部分是由于日俄战争以及中国武装的严峻事实。八年前我们在远东划分的“势力范围”现在看起来简直是个愚蠢的笑话，那些读历史的人已为我们在1859年洗劫圆明园，毁坏了我们永远休想望其项背的千年艺术瑰宝而感到奇耻大辱。我们已经真诚地相信世界十分富饶，足可供除我们自己以外的其他文明国家和种族生存而有余。我们研究了基督教文献，不得不相信我们的宗教只是世界许多宗教当中的一种，并承认它从印度和波斯的更悠久的哲学传统以及更精细和更有耐性的头脑受益不少，而且还将继续受益。即使我们把人类的未来看作一个纯生物学问题，科学家也警告我们说，只依靠一个族或一个种，把它当作全世界的育种是靠不住的。眼下我们害怕人种的杂交，但是我们这样做是因为无视过去杂交成功的显著范例，主要则是因为我们完全忽视了成功所系的条件。

因此，已经可能实实在在地期待人类有一个不必通过鲜血和仇恨获得的未来。我们可以想象各国按人种分配温带或热带繁殖场，或甚至故意把少数落后到极点的部族的男人女人安置在不同的岛上，而没有必要去刺激人类最强烈的感情为一次大战作准备。现在谁都不指望立刻就有或预言最终将有一个世界联盟，但是只要意识到人类的一个共同宗旨，或甚至承认这样一个共同宗旨是可能的，世界政治面貌将会立即改变。海牙会议讨论停止军备竞赛将不再显得是空想，而殖民列强拼命声明没有自私目的可能会从卑鄙而无益的伪善变成每个国家都据以调整其政策的事实。在人类未来进步概念的对抗下，帝国外围经常爆发的无理性的种族仇恨在世界政治中将不起作用。

与此同时，各帝国确实仍在为殊死斗争作军事准备，现在就连和平移民问题也变得一年比一年更有威胁，因为航运公司可以用每人一二镑的价格将数以万计的中国或印度劳工运送到世界任何一个港口。但是当我们想起这些事情时，我们再也不必感到自己被掌握在嘲笑人类的宗旨和人类的仁爱的命运之神手里。全人类生存的概念终于已成为我们个人经历的可能背景。它的感情效果可能不亚于希腊城邦肉眼能见的神殿和城墙，尽管它不是形成于我们视觉的证据，而是形成于我们童年时获得并半意识地为日常生活所证实的知识。

我们所有的人，普通老百姓和知识分子一样，现在都为自己描绘一张地球图，图上有光明的半球和黑暗的半球，电报从地球的每一个角落不时给我们发送消息。地球已经比我们坐在火车里匆匆掠过的田野和房屋更加真实，我们人人都能看见它在无垠的天空中悬挂着，旋转着，服从其作用我们能在几百光年之外的地方注视并在心跳中感知的力量。照相机摄下的新的鲜明证据使地球表面的冰雪、岩石和平原以及异国人民的惊讶目光一年比一年更和我们接近。

我们可能久久地继续对这种景象的充分意义抱不同看法。但是既然我们可以毫不费力地注视它，它就会激起我们生命中最强烈的冲动。对我们某些人来说，它可能带来对但丁看到的那种“感动太阳和其他星辰”的爱的信任。对我们每个人来说，它可能暗示给所有那些把自觉生活的火炬一代一代往下传的迷惑的人以更仁慈的怜悯。

图书在版编目(CIP)数据

政治中的人性/(英)格雷厄姆·沃拉斯著;朱曾汶译.—北京:商务印书馆,2017
(汉译世界学术名著丛书:120年纪念版:珍藏本)
ISBN 978-7-100-14384-4

Ⅰ.①政… Ⅱ.①格… ②朱… Ⅲ.①政治心理学 Ⅳ.①D0-05

中国版本图书馆 CIP 数据核字(2017)第152000号

汉译世界学术名著丛书
(120年纪念版·珍藏本)
政治中的人性
〔英〕格雷厄姆·沃拉斯 著
朱曾汶 译

商务印书馆出版
(北京王府井大街36号 邮政编码100710)
商务印书馆发行
北京市十月印刷有限公司印刷
ISBN 978-7-100-14384-4

2017年12月第1版　开本 710×1000 1/16
2017年12月北京第1次印刷　印张 13¼
定价:68.00元